Dorothee Döring

Ohne Partner weiterleben

Dorothee Döring

Ohne Partner weiterleben

Hilfen für verwitwete Frauen

Kreuz

Bibliografische Information der Deutschen Bibliothek
Die Deutsche Bibliothek verzeichnet diese Publikation in der
Deutschen Nationalbibliografie; detaillierte bibliografische Daten
sind im Internet über http://dnb.ddb.de abrufbar.

© 2008 Verlag Kreuz GmbH
Postfach 80 06 69, 70506 Stuttgart

www.kreuzverlag.de

Umschlaggestaltung und -illustration:
Bergmoser + Höller Agentur, Aachen
Satz: de·te·pe, Aalen
Druck: CPI – Clausen & Bosse, Leck

ISBN 978-3-7831-3108-6

Inhalt

Wenn die Raupen wüssten, was einmal sein wird,
wenn sie erst Schmetterlinge sind,
sie würden ganz anders leben:
froher, zuversichtlicher und hoffnungsvoller.
Der Tod ist nicht das Letzte.

Der Schmetterling ist das Symbol der Verwandlung,
Sinnbild der Auferstehung.
Das Leben endet nicht, es wird verändert.
Der Schmetterling erinnert uns daran,
dass wir auf dieser Welt nicht ganz zu Hause sind.[1]

Vorwort

Endgültiger Partnerverlust durch Tod wird von Betroffenen als eine Art »Ausnahmezustand« empfunden. Unsicherheit und Angst begleiten einen solchen Verlust, weil niemand auf diese Situation eingestellt ist und deshalb über keinerlei Strategien verfügt, einen solchen Schock zu verarbeiten. Für Menschen, die ihren Partner verloren haben, steht die Welt plötzlich still, weil sie gefangen sind in Trauer, Schmerz und Einsamkeit. Währenddessen aber dreht sich die Welt der anderen weiter, wodurch sich Trauernde nicht nur von ihrem verstorbenen Partner, sondern auch von Freunden abgetrennt fühlen.

Dieses Buch richtet sich primär an verwitwete Frauen und verfolgt das Ziel, ihnen zu helfen und sie darin zu unterstützen, trotz ihres schweren Verlustes irgendwann wieder »Licht am Ende des Tunnels« zu sehen.

Mein ganz besonderer Dank gilt meinen Seminarteilnehmern, die sich mir öffneten, mir ihr Vertrauen schenkten und mit der Veröffentlichung ihrer Erfahrungen über Abschiednehmen, Trauer und Neubeginn in anonymisierter Form einverstanden waren.

Abschied und Neubeginn als Stufen auf unserem Lebensweg

Unser gesamtes Leben ist bestimmt von verschiedenen Arten des Abschieds, die uns auf den letzten großen Abschied vorbereiten, wenn wir diese Welt verlassen müssen. Selbst gewollte Abschiede, notwendige oder angestrebte, gar ersehnte, sei es von Menschen oder von Lebenssituationen, verlaufen nie ganz unbeschwert. Auch wenn man sich auf sie gefreut hat, schmerzen sie, denn wie alle Abschiede sind sie mit Verlust und Ungewissheit verbunden. Etwas endet, was wir kennen, aber vorläufig wissen wir nicht, was uns erwartet.

Abschiede von Lebensphasen, wie von der Kindergarten- oder der Schulzeit, später von der Ausbildung oder vom Studium, werden gewöhnlich in einem festlichen Rahmen vollzogen. Sie sind *Rituale des Übergangs* von einer Entwicklungsphase in eine nächste. Hier wird erinnert und gedankt, wird ein Zeugnis oder ein Andenken überreicht, wird zuversichtlich in die Zukunft geblickt. Diese Abschiede mögen zwar auch mit einem Teil von Angst vor Veränderungen verbunden sein, aber es überwiegt die Aufbruchstimmung.

Abschiede von Kindern, die erwachsen werden und aus dem Haus gehen, sind in jedem Fall ambivalent. Sie bedeuten *Verlust* von Nähe, von Fürsorge und Verantwortung, von vielerlei sozialen Kontakten und von bisher ausgeübter Elternrolle. Zugleich sind sie *Befreiung* von Fürsorge und Verantwortung, von Einschränkungen und Verzicht, von Herausforderungen, Diskussionen und Streit, manchmal auch von seelischen und materiellen Belastungen.

Der Abschied von Ehe- und Lebenspartnern ist besonders schwierig. Wenn wir eine verbindliche Partnerschaft eingehen, von der wir hoffen, dass sie lebenslang währt, beginnen wir etwas Neues: Aus zwei Individuen wird eine Gemeinschaft. Wir

11

gewinnen etwas und verlieren gleichzeitig etwas, indem wir einen Kompromiss eingehen: Wir geben einen Teil unserer Welt auf, gewinnen aber dafür einen Teil der Welt des geliebten Menschen. Keiner ist mehr unabhängig und in sich selbst zentriert. Verlieren wir diesen einen Menschen, so müssen wir Abschied nehmen von unserem Lebensentwurf, der ein gemeinsamer und auf Gemeinsamkeit ausgerichteter war. Wir sind vereinzelt und müssen uns erst wieder auf uns selbst besinnen, unser Zentrum wieder neu in uns finden. Verheiratete leben so, als dauere ihr Ehestand ewig. Damit verdrängen sie, dass einer von beiden zuerst gehen muss und der andere allein zurückbleibt.

Abschiede sind eigentlich absehbar und trotzdem treffen sie Menschen oft unvorbereitet. Besonders schwierig sind Situationen, in denen ein bewusster Abschied nicht mehr möglich ist. Aber wie kann ein Abschied gelingen?

Der Philosoph Wilhelm Weischedel[2] prägte den Begriff »abschiedlich leben«. Leben bestehe in beständigem Abschiednehmen:

- Abschied an der Schwelle in neue Lebensphasen (Kindheit – Jugend – Erwachsenenalter),
- Abschied von Rollen (von Singles zu [Ehe-]Partnern, zu Eltern),
- Trennung und Abschied in Beziehungen, Scheidung,
- Abschied von der Schule und Aufbruch in einen Beruf, Berufs- oder Stellenwechsel,
- Umzug – Abschied von vertrauter Umgebung,
- Abschied von der Gesundheit bei Krankheit, Behinderung,
- Abschied vom Leben im Tod.

Wer seinen Partner durch Tod verliert, ist mit einem endgültigen Abschied konfrontiert: ein Wiedersehen in dieser Welt gibt es nicht mehr. Der Tod ist ein großer, schwerer Abschied.

Wir alle müssen lernen, »abschiedlich« zu leben, schreibt Weischedel. Aber was heißt das denn, »abschiedlich« leben? Sollen wir ständig an Abschiede denken? Sollen wir uns ständig mit unserem Ende beschäftigen oder ständig an Abschieden der Vergangenheit leiden?

Nein, so ist es sicherlich nicht gemeint. Abschiedlich leben sollen wir im Sinne der biblischen Weisheit: *»Ein jegliches hat seine Zeit, und alles Vorhaben unter dem Himmel hat seine Stunde: geboren werden hat seine Zeit, sterben hat seine Zeit; pflanzen hat seine Zeit, ausreißen, was gepflanzt ist, hat seine Zeit; töten hat seine Zeit, heilen hat seine Zeit; abbrechen hat seine Zeit, bauen hat seine Zeit; weinen hat seine Zeit, lachen hat seine Zeit; klagen hat seine Zeit, tanzen hat seine Zeit.«*[3]

Dieses Wort will uns daran erinnern: Das Schlimme geht vorüber, aber auch das Schöne kann nicht ewig dauern.

Abschiedlich leben heißt, zurückzublicken auf das, was gewesen ist, auch wenn es langwierige und schwere Seelenarbeit bedeutet. Es heißt auch, Dinge zu ordnen, kein Chaos hinter sich zu lassen, ins Reine kommen mit sich und seinen Gefühlen, mit sich und den Menschen. Es heißt auch, offen und ehrlich Dinge zu benennen, sich nichts vorzumachen, keine Scheinwelt zu eröffnen und – weiterzuleben.

Das können wir nur, wenn wir das Alte wirklich loslassen, nur dann können wir uns frei auf das Neue einlassen.

Abschiede sind meistens mit Wehmut und Trauer verbunden, manchmal auch mit Wut und Zorn. Aber sie eröffnen auch Möglichkeiten des Neubeginns, Neues zu erfahren und sich dabei weiterzuentwickeln und zu reifen.

»Stufen« überschreibt Hermann Hesse sein wohl bekanntestes Gedicht:

Wie jede Blüte welkt und jede Jugend
Dem Alter weicht, blüht jede Lebensstufe,
Blüht jede Weisheit auch und jede Tugend
Zu ihrer Zeit und darf nicht ewig dauern.
Es muss das Herz bei jedem Lebensrufe
Bereit zum Abschied sein und Neubeginne,
Um sich in Tapferkeit und ohne Trauern

In andre, neue Bindungen zu geben.
Und jedem Anfang wohnt ein Zauber inne,
Der uns beschützt und der uns hilft, zu leben.[4]

Dieses Gedicht verschweigt nicht die Wehmut, die sich einstellt, wenn etwas zu Ende ist, das über lange Zeit lebensbestimmend war, und auch nicht den Schmerz, wenn man sich von Menschen verabschieden muss, mit denen man ein Stück seines Lebenswegs gegangen ist. Aber dieses Gedicht sagt noch etwas anderes aus: Wer loslassen kann, macht Kopf und Herz frei, um neue Herausforderungen anzunehmen. Wer seine Blickrichtung ändern kann, dem eröffnen sich neue Perspektiven. Wer langjährige Wegbegleiter verabschiedet, lernt vielleicht andere kennen, die ihn auf der nächsten Etappe seines Wegs begleiten. Abschied und Neubeginn sind also zwei Seiten einer Medaille.

Wir sollen heiter Raum um Raum durchschreiten,
An keinem wie an einer Heimat hängen,
Der Weltgeist will nicht fesseln uns und engen,
Er will uns Stuf' um Stufe heben, weiten.
Kaum sind wir heimisch einem Lebenskreise
Und traulich eingewohnt, so droht Erschlaffen;
Nur wer bereit zu Aufbruch ist und Reise,
Mag lähmender Gewöhnung sich entraffen.[4]

Was Hermann Hesse so treffend ausdrückt, findet sich auch in der Bibel. Im Johannes-Evangelium wird überliefert, dass Jesus einen Kranken auffordert: »Steh auf, nimm dein Bett und geh hin!«[5]

Dieser Appell richtet sich gegen alles Resignierende, Lähmende, Blockierende, das uns unsere Aktivität und Lebenskraft nimmt. Die Aufforderung »Steh auf« soll auch uns aufrütteln, unsere Möglichkeiten wirklich auszuschöpfen, aus der Lethargie auszubrechen und eine Richtungsänderung vorzunehmen. Mit diesem Appell »Steh auf« stehen Gläubige nie allein. Immer sind

sie begleitet von Gottes Zusage »Ich bin bei euch alle Tage«[6].
Gläubige haben in Gott einen verlässlichen Wegbegleiter, der jeden Abschied und jeden Neubeginn begleitet.

Es wird vielleicht auch noch die Todesstunde
Uns neuen Räumen jung entgegensenden,
Des Lebens Ruf an uns wird niemals enden ...
Wohlan denn, Herz, nimm Abschied und gesunde![4]

Abschied ist ein schwer zu bewältigendes Ereignis im menschlichen Leben, und nichts ist so radikal wie der Tod. Er ist ein Schock und die Reaktion darauf ist *Trauer*. Trauern heißt, die Wunde, die unserer Seele zugefügt wurde, zu erkennen und zu heilen. Trauern heißt auch, Kraft zu schöpfen, um neue Lebensenergie aufzubauen.

Doch Trauern ist nicht nur in der Begegnung mit dem Tod wichtig, sondern Trauer ist die Bewältigungsstrategie für alle Lebenswenden, alle Arten von Abschieden, mit denen wir im Laufe unseres Lebens konfrontiert werden. Manch eine Mutter verkraftet es nicht, wenn ihre Kinder, die ihr Lebensinhalt waren, ihren eigenen Weg gehen und von zu Hause ausziehen. Frauen leiden unter dem Verlust ihrer Jugendlichkeit oder ihrer Leistungsfähigkeit. Mütter stellen fest, dass ihr Wiedereinstieg in das Berufsleben fast aussichtslos ist oder ihre Karrierechancen nicht mit dem Familienalltag in Einklang zu bringen sind. Frauen bemerken, dass ihre Männer sich innerlich von ihnen entfernt haben und möglicherweise die Trennung droht. Lebensträume zerplatzen. All diese Situationen müssen betrauert werden, denn Trauer ist dabei der Schlüssel für seelische Gesundheit.

Dennoch fällt es vielen Menschen schwer, sich der Trauer zu stellen und »Trauerarbeit« zu leisten. Das hat sicherlich auch damit zu tun, dass die wenigsten Menschen es gelernt haben, Trauer zuzulassen. In unserer Gesellschaft wird Trauer tabuisiert und allzeit glücklich zu sein, idealisiert. Doch wer einen Verlust nicht verarbeitet, läuft Gefahr, eine depressive Erkrankung zu erleiden.

Obwohl es – wie ausgeführt – viele Abschiede im Leben gibt, befasse ich mich in diesem Buch nur mit einem besonderen Abschied, nämlich mit dem, der an den Verlust des Lebenspartners durch Tod geknüpft ist.

I. Trauer verstehen und mit ihr leben

1. Endgültiges Abschiednehmen

1.1. Abschied nach unerwartetem Tod

Endgültig ist ein Abschied von einem Menschen, den man – zumindest in dieser Welt – nie wieder sehen wird. Es ist der Abschied von einem Menschen, der gestorben ist.

Als Christen sind wir davon überzeugt, dass uns Gott das Leben geschenkt hat und dass er uns – zu einem uns nicht bekannten Zeitpunkt – wieder zu sich nimmt. Kommt deshalb nicht jeder Tod für uns unerwartet? Das trifft wohl mehr oder minder zu. Aus Sicht der christlichen Religion sollte der Mensch jederzeit auf seinen Tod »vorbereitet« sein.

Aber in diesem Buch geht es nicht um den Menschen, der uns verlässt, sondern um den trauernden Angehörigen, insbesondere um die Witwe. Was es für sie heißt, endgültig Abschied zu nehmen, hängt auch von den Umständen ab, unter denen der Tod eintritt: Für sie ist es von großer Bedeutung, ob sie mit dem Tod »rechnen« musste oder ob er vollkommen unerwartet eintrat. Im letzteren Fall versagen die Erklärungs- und Beschwichtigungsversuche des Verstandes. Die Trauernde ist mit ihren Fragen und ihrem Schmerz allein.

Drei Situationen, in denen sich ein Todesfall unerwartet für den Angehörigen ereignet, lassen sich unterscheiden:

a) der natürliche Tod, z. B. Herzversagen im hohen Alter,
b) der unnatürliche Tod, z. B. durch einen Verkehrsunfall,
c) der selbstbestimmte Tod (Suizid).

1.1.1. Der natürliche Tod

Wenn Paare heiraten, versprechen sie einander: *»Ich will dich lieben, achten und ehren, bis dass der Tod uns scheidet.«* Sie schmieden Pläne, gründen eine Familie, entscheiden sich, wo und wie sie leben wollen, und denken vielleicht auch schon darüber nach, wie ihr Alter einmal aussehen könnte. Ihr Lebensentwurf schließt den Verlust des Partners oder einen anderen schweren Schicksalsschlag nicht ein. Trifft sie dann beispielsweise der Tod des Partners, dann sind sie darauf völlig unvorbereitet. Sie fallen in einen Abgrund.

Stirbt der Partner im Alter, dann hat er sein Leben zum guten Teil gelebt. Wird aber ein Mensch im besten Alter aus dem Leben und einer intakten Partnerschaft gerissen, erlebt der Zurückbleibende eine brutale Zäsur. Sie nimmt ihm die Chance einer gemeinsamen Zukunft.

Viele Menschen wünschen sich heute den schnellen, plötzlichen Tod, d. h. einen Tod ohne lange Leidenszeit. Als ehemalige Sterbebegleiterin habe ich erlebt, dass die »Ars Moriendi«, die Kunst des Sterbens, aber ihren Sinn hat. Deshalb möchte ich vorbereitet sterben, nachdem ich Zeit hatte, mich von den Menschen, die ich liebe, zu verabschieden, alles gesagt und geregelt habe, was zu sagen und zu regeln ist. Im Gegensatz zu den meisten Menschen wünsche ich mir keinen plötzlichen und unerwarteten Tod. Es ist für mich schwer vorstellbar, aus dem Leben zu scheiden, ohne vorher Abschied genommen zu haben von all denen, die mir nahestanden. Es wäre für mich ein Bruch, etwas unvollständig zu Ende zu bringen.

Doch unabhängig davon, was man sich wünscht, der eigene Tod und der des Partners kann ohne jede Vorwarnung kommen.

Wie sehr die Angehörigen unter dem unerwarteten Tod leiden, kommt in den folgenden Schilderungen aus dem Kreis meiner Seminarteilnehmerinnen zum Ausdruck:

»Es ist inzwischen 4 Jahre her, dass ich meinen Mann sterben sah. Es war der Geburtstag meiner Schwiegermutter, der in großer Runde gefeiert wurde. Mein Mann hatte gerade die Rede zum Geburtstag seiner betagten Mutter unter Applaus der Festgäste beendet. Er stieß auf das Geburtstagskind an und setzte sich. Nun sollte das Festmahl beginnen. Langsam, ganz langsam, wie in Zeitlupe, sank er zu mir herüber. Ich konnte ihn nicht halten. Mit voller Wucht, vollkommen schlaff fiel sein Körper zu Boden. Ein Arzt unter unseren Gästen versuchte ihn zu reanimieren.

Ich war geschockt und musste erleben, dass man sich zum Feiern trifft und das Leben des Partners plötzlich aufhört. Mein Lebensfilm war ohne jede Vorwarnung gerissen. Wir wollten doch miteinander alt werden. Die Rolle der Witwe konnte ich nicht annehmen. Mit aller Kraft wollte ich mich vom Geschehenen distanzieren. Mein Mann ist nur 61 Jahre alt geworden. Immer wieder seine letzten Worte, immer wieder die Todesszene vor Augen, in einer Endlosschleife. Ich fühlte mich wie amputiert, total aus der Lebensbahn geworfen. Meine Gedanken fuhren Karussell, Tag und Nacht. Warum nur? Hätte ich es verhindern können? Habe ich Vorzeichen übersehen? ›Wieso hast du mich einfach im Stich gelassen?‹ Gedanken voller Wut wollte ich nicht zulassen. Ich erschrak über mich selbst. Der Schmerz wurde zum verhassten Begleiter, Tag und Nacht. Er gab mir keine Ruhe.

Mein Mann ist tot, er kommt nicht zurück. Mechanisch habe ich funktioniert. Das neue Leben ohne ihn, ich habe es mir nicht ausgesucht. Es forderte seelische Schwerstarbeit und brachte mich an meine Grenzen.

Mein Mann ist in dem Restaurant gestorben, in dem wir unsere Hochzeit gefeiert hatten. Ich habe Freud und Leid am selben Ort erfahren. Seit ich über den Verlust weinen konnte, ging es mir besser. Jahrelang lebte ich wie erstarrt, nach außen unberührt. Ich wollte ihn zurück, das Geschehene nicht akzeptieren. Ich habe gelernt: Die Zeit heilt nicht, sie mildert, sie verändert. Ich lebe jetzt glücklich alleine. Die Familie, meine Kinder und meine Enkelkinder sind mir die wichtigsten Menschen. Gelegentlich träume ich immer noch von meinem Mann, nach all den Jahren. Dankbar wache ich danach auf, mit dem beruhigenden Gefühl, dass es ihm, wo immer er auch sein mag, gut geht.«
Eva (59)

Der plötzliche Tod ist für die hinterbliebenen Angehörigen immer ein Schock.

»Ich verlor meinen Mann kurz vor Weihnachten 2004, als wir mit dem Auto unterwegs waren zum Christkindlmarkt nach Nürnberg. Obwohl mein Mann bis dahin immer putzmunter war und über eine rustikale Gesundheit verfügte, klagte er plötzlich über Übelkeit, Luftnot und Herzschmerzen, die so heftig waren, dass er das Gefühl hatte, sein Brustkorb würde unter einen Schraubstock gepresst. Ich veranlasste meinen Mann, das Auto sofort auf dem Standstreifen der Autobahn anzuhalten und rief per Handy sofort die Polizei an. Es dauerte etwa 15 Minuten, bis der Notarztwagen eintraf. Da war mein Mann aber schon zusammengesackt und bewusstlos. Die Notärzte versuchten alles, um meinen Mann zu retten, doch er starb noch auf dem Weg ins Krankenhaus im Rettungswagen.

Für mich war der plötzliche Tod meines Mannes eine Katastrophe, weil mich das Schicksal so unerwartet traf und ich keine Gelegenheit hatte, mich bewusst von ihm zu verabschieden. Für mich ist die Vorweihnachtszeit seitdem belastet und irgendwie habe ich es noch immer nicht richtig realisiert, dass mein Mann nicht mehr da ist und nie wieder kommen wird. Ich habe eine schwere Zeit hinter mir und noch eine Zeit der Trauerverarbeitung vor mir. Ich habe gemerkt, dass ich mich vernachlässigt habe, weil ich ohne meinen Mann keine Lebensfreude habe und immer noch nicht weiß, wie ich ohne ihn weiterleben soll. Er ist einfach so ein besonderer Mensch gewesen. Nun beschäftige ich mich sehr viel mit dem Leben nach dem Tod.«
Gisela (56)

Der Verlust des Partners gleicht einem Erdbeben. Ganz plötzlich und ohne Vorwarnung stürzt alles, was zuvor Halt gab, ein. Der hinterbliebene Partner erlebt ein unsägliches Gefühlschaos, will das Geschehene nicht wahrhaben. Es wird ihm der Boden unter den Füßen weggerissen. Er macht die Erfahrung: Auf nichts ist Verlass, alles ist plötzlich anders.

»Wir machten am Sonntagnachmittag, wie immer, einen ausgedehnten Spaziergang im Wald. Plötzlich sackte mein Mann zusammen. Zunächst dachte ich, er sei umgeknickt. Als ich ihm wie-

der auf die Beine helfen wollte, merkte ich, dass er nicht mehr ansprechbar war, keine Reaktion von sich gab und auch nicht mehr atmete. Ich versuchte, ihn künstlich zu beatmen, wie ich es in zahlreichen Erste-Hilfe-Kursen gelernt hatte. Auf meinem Handy wählte ich den Notruf 110 und nach wenigen Minuten traf der Notarzt ein, der allerdings nur noch den Tod meines Mannes feststellen konnte. Eine spätere Diagnose im Krankenhaus ergab, dass mein Mann an Herzversagen gestorben ist. Ich war wie gelähmt, dass mein Mann, ohne Vorwarnung, aus dem vollen Leben herausgerissen wurde und mich allein zurückließ. Ich konnte das, was passiert war, nicht fassen. Tröstlich ist vielleicht die Vorstellung, dass er nicht leiden musste und er selbst gar nicht mitbekommen hat, was passiert ist.«
Anni (53)

Es ist furchtbar, wenn Lebenspläne plötzlich und unerwartet durchkreuzt werden. Da hilft es auch nicht, die Zähne zusammenzubeißen und sich zusammenzureißen. Was hilft gegen das Erschrecken? Was tröstet, wenn der Tod Lebenspläne so grausam durchkreuzt?

»Mein Mann starb plötzlich und unerwartet an einem Herzstillstand, einem kardiogenen Schock. Es war an einem Adventsnachmittag. Ich war joggen und nahm danach ein Entspannungsbad. Mein Mann setzte sich zu mir auf den Rand der Badewanne. Plötzlich sackte er zusammen. Sein Herz hörte einfach auf zu schlagen. Ich war in Panik und hoffte, es sei nur ein Kreislaufkollaps. Ich verständigte den Notarzt. Der versuchte, ihn zu reanimieren, und unternahm mit Spritzen und Elektroschocks alles Mögliche. Nichts hatte Erfolg.

Nun bin ich bereits fünf Jahre lang Witwe. Inzwischen geht es mir besser, oft sogar gut. Ich fühle mich nicht mehr wie eine Überlebende, der bei lebendigem Leib ein Bein herausgerissen wurde. ›Die Zeit wird Wunden heilen‹, wurde mir oft gesagt. Aber um mich herum sah ich zu viele Menschen, deren Wunden nur unter den Kleidern versteckt lagen. Manchmal wusste ich nicht sicher, ob es mit mir nicht auch so ausgehen könnte. Ich habe gelernt: Gott heilt, nicht die Zeit. Und trotzdem ist Heilung ein Prozess.

Spätestens nach einem Jahr, dem sogenannten Trauerjahr, denken und erwarten viele vom Trauernden, dass es nun doch weitergehen müsse, dass es ›wieder gut‹ sein sollte. Aber nach einem Jahr ist es noch nicht ›wieder gut‹. So viel muss gedacht, gefühlt, durchweint, sortiert, verabschiedet, ertragen und neu beschlossen werden – das ist eine enorm anstrengende Phase. Beim besten Willen und Bemühen bleibt es manchmal sehr lange dunkel. Diese Zeit kann nicht umgangen oder abgekürzt werden, das hätte ich manchmal zu gerne getan! Aber ich wollte Voraussetzungen schaffen, um weiterleben zu können.«

Elisabeth (59)

1.1.2. Der unnatürliche Tod

Im Gegensatz zum natürlichen Tod, der seine primären Ursachen im Versagen lebenswichtiger Organe hat, ist der unnatürliche Tod exogen bedingt. Beispiele hierfür sind ein Verkehrsunfall, ein Tötungsdelikt, höhere Gewalt, Terror und Krieg, aber auch in seltenen Fällen ein ärztlicher »Kunstfehler«. Es ist die »absolute Sinnlosigkeit« eines solchen Todes, die es den Hinterbliebenen so schwer macht, ihn zu akzeptieren.

»Ich habe die furchtbare Erfahrung machen müssen, wenn der Tod viel zu früh kommt. Ich war erst 49, als ich meinen Ehemann verlor. Er war selbst erst 51 Jahre alt, unsere drei Söhne in den Flegeljahren, da wir erst sehr spät Eltern wurden. Mein Mann starb plötzlich und unerwartet an einer Komplikation nach einer Routineoperation. Ich war auf so etwas nicht vorbereitet und konnte nicht verstehen, dass ein Familienvater mitten aus dem Leben herausgenommen wird. Ich fühlte mich total verlassen und hilflos. Obwohl wir gläubige Christen sind und an ein Weiterleben nach dem Tod glauben, machte ich den gleichen Trauerprozess durch wie alle anderen Menschen auch. Trotz des Trostes durch den Glauben dauerte der Heilungsprozess unendlich lange. Während dieser Zeit hatte ich natürlich Aufs und Abs. Ich denke, das ist

ganz normal. Manchmal ging es besser und manchmal vermisste ich meinen Mann sehr. Besonders wenn die Kinder außer Haus waren, empfand ich die Leere und den Verlust sehr. Ich habe durch meinen Glauben und durch Gebete viel Hilfe erhalten. Die Lücke, dass ich niemanden um mich hatte, den ich lieben konnte, füllte ich aus mit der ehrenamtlichen Tätigkeit bei Kindern aus milieugeschädigten Familien, die alle nach Liebe lechzten.«
Betty (51)

Manfred (54), passionierter Motorradfahrer, verunglückte tödlich. Seine Frau beschreibt, wie sie davon erfuhr und über ihre erste Zeit als Witwe:

»Als es an der Haustür schellte und die Polizei da stand, wusste ich gleich, dass Manfred etwas zugestoßen war. Zwischen Hilflosigkeit und Routine bewegten sich die Gefühle der jungen Polizeibeamten, die mir die Nachricht überbrachten, dass Manfred einen tödlichen Verkehrsunfall erlitten hatte. Obwohl ich eine schlimme Ahnung hatte, konnte ich das, was die Beamten im korrekten Amtsdeutsch mitteilten, nicht fassen. Man bot mir Notfallhilfe durch Polizeipsychologen an. Ich hatte den Eindruck, dass die Beamten das »Problem« möglichst schnell weiterreichen wollten.

Nach dem ersten Schock musste ich mich um Organisatorisches kümmern. Nach der Freigabe von Manfreds Leiche durch die Gerichtsmedizin stellte sich mir das Problem einer würdigen Bestattung. Für mich war es sehr wichtig, Manfred aufbahren und von ihm Abschied nehmen zu können. ›Das kann ich nicht genehmigen‹, behauptete der Bestatter allen Ernstes. ›Der Sarg muss geschlossen bleiben, wegen der Unfallverletzungen‹, wehrte er meine Wünsche ab. Und: ›Behalten Sie Ihren Mann ohne diesen letzten Anblick in guter Erinnerung.‹ Ich fügte mich schließlich den Ausführungen des Bestatters, der wie eine autoritäre Respektsperson agierte, ohne zu wissen, dass ich es später sehr bereuen würde, auf ihn gehört zu haben. Denn es ist längst in Fachkreisen eine gesicherte Erkenntnis, dass der letzte Abschied am offenen Sarg für die Trauerbewältigung der Angehörigen sehr hilfreich ist.«

Ähnlich erging es auch Brigitte, deren Mann durch einen tragischen Unfall am Arbeitsplatz ums Leben kam. Weil ihr Mann infolge einer Explosion fürchterlich entstellt war, versuchte der Bestatter, sie davon abzuhalten, ihren Mann zu sehen. Sie bestand aber darauf, bewusst von ihrem Mann Abschied zu nehmen, und empfand das Verhalten des Bestatters als Bevormundung.

Im Internet brachte sie schnell in Erfahrung, dass der Bestatter keine Weisungsbefugnis gegenüber seinen Kunden hat. Die Ehefrau, die für ihren verunglückten Mann das Totensorgerecht ausübt, benötigt keine »Genehmigung« des Bestatters für einen gewünschten Abschied am offenen Sarg. Sie suchte sich einen Bestatter ihres Vertrauens aus, einen Thanatologen, der sich auf kurzzeitige Konservierung von Verstorbenen und auch für das Kaschieren der Verletzungen von Unfalltoten spezialisiert hat. Sie restaurieren Leichen, kaschieren Verletzungen an Verstorbenen mit dem Ziel, die durch schwere Verletzungen entstellten Verstorbenen ansehnlich zu machen, damit Angehörige sich am offenen Sarg ohne Schock von ihnen verabschieden können. Ihre Entscheidung hat Brigitte nicht bereut.

Im Mittelpunkt einer jeden Trauerbewältigung steht die *bewusste Wahrnehmung* des erlittenen Verlustes. Trauerbegleiter und Therapeuten sind sich darüber einig, dass eine Auseinandersetzung mit dem Tod notwendig ist, damit die Bewältigung der Trauer erfolgen kann. Deshalb sollte ein Toter immer sehenden Auges verabschiedet werden.

Eine besondere Dimension ist immer dann gegeben, wenn Frauen ihre Ehemänner durch Terror und Gewalt verlieren, wie beispielsweise die Witwen der von der RAF (Rote Armee Fraktion) ermordeten Männer: Polizisten und Fahrer wurden im Dienst ermordet, Diplomaten und Repräsentanten von Wirtschaft und Justiz fielen dem Terror zum Opfer.

Die Trauer nach einer Gewalttat ist für die Witwen der Opfer besonders schwierig. Die meisten Witwen von Mordopfern sehen, dass die Mörder ihrer Männer, selbst dann, wenn sie ihre

Straftaten komplett »absitzen«, danach die Chance haben, noch einmal neu anzufangen, während das Leben der Witwen und ihrer Familien für immer zerstört ist.

Wer seinen geliebten Ehemann durch eine terroristische Tat verlor, für den bleibt dieses Verbrechen mehr als ein zeitgeschichtliches Ereignis. Auch dann, wenn manche Tat auch schon mehr als drei Jahrzehnte zurückliegt, dauern Trauer und Leid für viele Menschen an.

Die meisten von uns haben irgendwann in unserem Leben einen geliebten Menschen verloren, manchmal sogar durch einen tragischen Unfall, durch eine Naturkatastrophe oder eine Gewalttat. Immer dann, wenn es sich um eine »unnatürliche« Todesursache handelte, empfinden Menschen die Trauer und die Verarbeitung des Verlustes als besonders schwierig. Trauernde Witwen von Gewaltopfern werden gern gemieden, obwohl gerade sie, die nicht mit dem Tod ihres Mannes rechnen konnten, besondere Probleme haben, das Geschehene zu begreifen und den Schock des plötzlichen Verlustes zu akzeptieren.

Wie schwierig ein Abschied von Angehörigen ist, wenn man sich von ihrem Tod nicht selbst überzeugen kann, das zeigte die ARD-Reportage »Heimkehr im Sarg« (Erstausstrahlung am 3. Januar 2007). Die Dokumentation zeigte drei trauernde Familien, die einen Angehörigen im Bundeswehreinsatz in Afghanistan verloren haben.

1.1.3. Der selbstbestimmte Tod

Die absichtliche und freiwillige Beendigung des eigenen Lebens bezeichnet man als Suizid oder auch als Selbstmord. Nach Angaben des Deutschen Ärzteblattes sterben in Deutschland mehr Menschen durch Suizid als durch Verkehrsunfälle, Aids, Drogen und Gewalttaten zusammen. Besonders ältere Menschen seien gefährdet. Je älter man werde, desto höher sei das Suizidrisiko. Jede zweite Frau und jeder dritte Mann, die sich das Leben nehmen, seien älter als 60 Jahre.[7]

Stirbt der Partner durch Selbstmord, steht seine Witwe oft vor der drängenden Frage des »Warum?«.

Vor jedem Suizid steht der Verzweiflungsschrei einer Seele. Der Selbstmörder sieht sich in einer ausweglosen Lage, einer Zwangslage und hält ein Weiterleben für sinnlos. Witwen von Selbstmördern tragen die Last der Frage nach den Gründen für den Suizid und fühlen sich mitschuldig, und der einzige Mensch, der sie entlasten könnte, ist tot.

»Meist führen eine Fülle von Faktoren zum Suizid oder Suizidversuch ... Die Motive für einen Suizidwunsch sind meist im zwischenmenschlichen Bereich zu suchen. Oft liegen beispielsweise Liebes-, Partner-, Familienkonflikte, Trennung, Scheidung oder Tod diesem Wunsch zugrunde. Vor allem bei Männern findet man den aktuellen Anlass auch in Konfliktsituationen im Beruf.«[8] Selten ist ein Selbstmord Ausdruck einer freien Wahlmöglichkeit, eher die Folge einer Einengung der Sichtweise in einer Art Tunnelblick. Dabei wird nur noch die augenblickliche Not oder Befindensstörung gesehen. Andere Möglichkeiten, die das Leben bietet, sind aus dem Blickfeld verschwunden. Jeder Suizid geschieht aus einer Zwangslage, auch wenn er als »Freitod« bezeichnet wird.

Der Suizid ist nicht nur eine private Tragödie, sondern ein öffentliches Ereignis, über das die Tageszeitungen berichten und das Ermittlungen der Polizei nach sich zieht.

Wenn Frauen vom Suizid ihres Mannes erfahren, erleiden sie einen psychischen Schock, der jenseits aller Erfahrungen und Vorstellungen steht. Als schwere Belastung wird das Verhalten der Polizei empfunden: Sie werden verhört, persönliche Dinge des Toten werden gesichert, die Wohnung wird nach einem Abschiedsbrief durchsucht. Der Leichnam wird beschlagnahmt und der Witwe wird die Möglichkeit genommen, persönlich von ihrem Mann Abschied zu nehmen.

Aber auch nach der Beerdigung ist längst nicht alles vorbei. Schuldzuweisungen und Selbstvorwürfe erschweren die Trauer. Die meisten dieser Witwen leiden oft über lange Zeit unter

Schuldgefühlen. Es bleibt die quälende Frage, ob man den Suizid nicht hätte verhindern können. Dabei kommt es häufig zu angedeuteten oder offen ausgesprochenen Schuldzuweisungen und Vorwürfen und oft zu Besserwisserei. Suizid gilt als »unnormale« Todesursache, und die, die am wenigsten Mitgefühl und Verständnis hervorruft.

Der Verlust des Partners durch Suizid löst auch deshalb eine besonders schwierige Trauersituation aus, weil er gesellschaftlich »totgeschwiegen«, d. h. tabuisiert wird. Trauernde Witwen fühlen sich in dieser Situation unverstanden und stigmatisiert, ziehen sich aus der Öffentlichkeit zurück und bewältigen ihre Trauer, die keine gesellschaftliche Anerkennung findet, nur schwer. Zu der besonders schwierigen Trauer nach Suizid gehört das Gefühl, bewusst verlassen worden zu sein. Viele Betroffene sehen im Leben keinen Sinn mehr, es gelingt ihnen nicht, sich an die neue Wirklichkeit anzupassen. Der Tod des Partners durch Suizid hinterlässt immer unermessliches Leid und eine große Lücke im Leben der zurückbleibenden Ehefrau.

Marie (57), erzählt vom Selbstmord ihres Mannes, den sie als »Supergau« empfand:

»Wie schwer es zu ertragen ist, wenn der Ehemann sich das Leben nimmt, kann sich niemand wirklich vorstellen. Ich stand zunächst unter Schock und glaubte, verrückt zu werden.

Das Schlimmste war für mich, dass mein Mann, mit dem ich eine gute Ehe führte, ohne Vorwarnung von mir gegangen ist, für immer und unabänderlich. Er war 59, also zwei Jahre älter als ich und wir hatten so viele Pläne für die Zeit nach seinem Vorruhestand. Niemals hätte ich mir vorstellen können, von einem solchen Schicksal heimgesucht zu werden.

Berthold war ein sehr lebenslustiger Mensch, überall beliebt, und er hatte viele Freunde, sodass mir sein Schritt absolut unverständlich erscheint. Warum? Ich kann es einfach nicht begreifen. Der Verlust ist nicht vermittelbar, der Schmerz unerträglich, das Leben völlig sinnlos.

Was hatte Berthold für einen Grund, sich das Leben zu nehmen?

Ich habe mir meinen Kopf zermartert, es gab keine Erklärung, keinen Abschiedsbrief, nichts! Ich fragte alle seine Freunde, Bekannten, Arbeitskollegen, ob sie vielleicht eine Vermutung hatten.

Bevor ich Berthold beerdigen musste, nahm ich noch einmal bewusst Abschied. Mit zitternden Knien und tiefem Schmerz machte ich mir die Realität der Endgültigkeit seines Todes bewusst. Berthold hat mich verlassen, einfach so und ich weiß nicht, warum. Dabei war er doch so beliebt. Mit welchem Problem ist er nicht fertig geworden? Warum hat er mich nicht einbezogen in seine Sorgen? Was habe ich als Ehefrau falsch gemacht? Mein Wechselbad der Gefühle pendelt zwischen Wut, Hass, Verzweiflung, Schmerz. Es ist furchtbar und ich frage mich, wann das endlich aufhört.«

In der Zeit nach dem Verlust des Ehemannes durch Selbsttötung ist die Haut dünn, die Nerven liegen blank. Alles wird ganz intensiv erlebt.

»Mein Mann war ein Mensch voll sprühender Lebensenergie, klug, schlagfertig, reiselustig, einer, der das Leben geliebt hat. Trotzdem hat er sich vor die U-Bahn geworfen. Der plötzliche Tod hat durchaus zu ihm gepasst. Er war mit sich immer sehr ungeduldig gewesen, es musste ihm alles beim ersten Mal gelingen. Zwei Tage vor seinem Tod meinte Georg: ›Ich weiß, wie stark du bist.‹ Aber ich habe mich nie als stark empfunden. In unserer Ehe war immer er mein Fels in der Brandung gewesen, der mich beschützt und auf Händen durch unser Leben getragen hat.

Die Traurigkeit über seinen Tod kam wie eine Woge, mit unvorstellbarer, tränenreicher Wucht. Verzweifelt habe ich nach einem Abschiedsbrief, nach einer versteckten Eintragung im Computer, nach einer Erklärung gesucht. Warum nur? Es gibt bis heute keine Antwort.

Lange Zeit befand ich mich in einem Ausnahmezustand, unfähig, meinen Schmerz zuzulassen und hinauszuschreien. Ich fühlte mich einsam und verlassen und konnte die Situation, in die ich katapultiert worden war, nicht annehmen. Mir war so elend ohne ihn, ich wollte morgens nicht mehr aufstehen. Wie sollte ich den Tag überstehen? Er fehlte mir so sehr, mein Körper schmerzte überall. Lange Zeit habe ich Georg jede Nacht gesucht. Zumindest im Schlaf wollte ich nicht mit meiner Lebensrealität konfrontiert sein, sondern davon träumen, dass alles so wie früher sei. Mit dem Gefühl, ihn schrecklich zu vermissen, bin ich jeden Tag aufgewacht. Mein Glaube an das Leben ist schwer erschüttert worden. Warum? Was treibt einen Menschen in den Selbstmord? Kraft habe ich im Gebet gefunden. Zum Niederschreiben meiner Gedanken und Gefühle ins Tagebuch hat mir in den ersten Wochen die Energie gefehlt. Wie ein rettender Engel stand mir meine Nachbarin bei. Tatkräftig hat sie meinen Alltag in die Hand genommen und mich dazu gebracht, eine Kur in einer psychosomatischen Klinik zu machen, um meine Trauer im Rahmen einer Therapie herauslassen zu können.«

Mariella (56)

Wie Mariella schließlich mit ihrer Trauer fertig geworden ist, lesen Sie in Kapitel »Akzeptanz und Neuorientierung« (S. 100).

Viele Hinterbliebene müssen feststellen, dass sie nach einem Suizid gemieden, manchmal sogar geschnitten werden. Oft zerbrechen sogar alte Freundschaften, wie Gerlinde berichtet:

»Als mein Mann sich das Leben genommen hatte, merkte ich, dass andere sich von mir zurückzogen. Wenn ich einkaufen ging, wurde ich geschnitten, Menschen, mit denen ich früher immer einen kleinen Plausch gehalten hatte, hatten es plötzlich sehr eilig. Ich habe sogar bemerkt, dass Bekannte die Straßenseite wechselten, um mir nicht direkt zu begegnen. Ich fühlte mich, als hätte ich eine ansteckende Krankheit. Man versuchte, mir aus dem Weg zu gehen und mich zu meiden. Sicherlich hatte das nichts mit mir zu tun, sondern mit der Unfähigkeit derer, die mir auswichen, aber es tat mir weh und ich fühlte mich für etwas bestraft, wozu ich nichts konnte. Selbst unsere gemeinsamen Freunde ließen nichts mehr von sich hören und sehen und jahrelange Freundschaften zerbrachen. Neue Freunde fand ich in einer Selbsthilfegruppe für Trauer nach Suizid.«

Gerlinde (42)

Zusammenfassend kann man feststellen: Je unerwarteter der Tod, umso größer der Schock, und es zeigt sich immer wieder, dass die Todesursache und die Umstände des Todes großen Einfluss auf den danach beginnenden Trauerprozess haben. (Vgl. Kapitel »Die Akzeptanz des Trauerprozesses«, S. 60.)

1.2. Langer Abschied

Nicht immer tritt der Tod unerwartet und plötzlich ein. Manchmal dauert der Sterbeprozess Monate oder Jahre. Ursächlich hierfür sind Krankheiten, die von der Wissenschaft bisher noch nicht beherrscht werden. Dabei kann der fortschreitende körperliche Verfall von klarem Bewusstsein und geistiger Gesundheit des Betroffenen begleitet sein wie im Fall der ALS (Amyotrophe Lateralsklerose) oder – wie bei der Alzheimerkrankheit – zur Veränderung bis hin zur vollständigen Reduzierung der Persönlichkeit führen.

Im Folgenden wird an Beispielen der Demenzerkrankung vom Typ Alzheimer und von Situationen, in denen sich Menschen im Koma befinden, geschildert, welches Leid Angehörige bei dem langen Abschied von ihren Partnern ertragen müssen.

1.2.1. Die Demenzerkrankung

Eine der bekanntesten Demenzerkrankungen (lat. *demens*: ohne Geist sein, »verwirrt«) ist die von Alois Alzheimer entdeckte und nach ihm benannte, über Jahre fortschreitende Erkrankung des Gehirns, die vorwiegend im Alter auftritt und mit einer Abnahme von Hirnfunktionen einhergeht. Die Krankheit beginnt mit geringer, anscheinend zufälliger Vergesslichkeit, danach gehen Intelligenz, Merkfähigkeit, Gedächtnis und weitere geistige Fähigkeiten verloren. Schließlich kommt es zu einem geistigen Verfall der gesamten Persönlichkeit. Im Anfangsstadium ist sie schwer von der normalen Vergesslichkeit abzugrenzen.

Viele Menschen wollen am liebsten gar nichts von Alzheimer- oder anderen Demenzerkrankungen hören oder wissen, denn ein Tabu umgibt diese Krankheit. Aber es gibt mindestens zwei gute Gründe, sich damit zu befassen:

1. Wir werden immer älter und damit steigt die Wahrscheinlichkeit, dass wir selbst oder unsere Angehörigen von dieser Krankheit befallen werden,
2. der Umgang mit Demenzkranken muss gelernt werden. Auf seinen, im wörtlichen Sinne »gesunden« Menschenverstand kann man sich dabei leider nicht verlassen. (Hinweise auf Seminare und Schulungen zum Umgang mit Demenzerkrankten finden Sie auf S. 145.)

Mit der Diagnose »Demenz« kommen nicht nur auf den Betroffenen, sondern auch auf den pflegenden Ehepartner große Belastungen zu. Nicht ohne Grund wird in Verbindung mit einer Demenz oft von einer »Familienkrankheit« gesprochen: Die gesamte Familie ist hinsichtlich des Verständnisses, des Einfühlungsvermögens und der pflegerischen Kompetenz gefordert.

Was es auf lange Jahre bedeuten kann, Demenzerkrankte zu pflegen und das eigene Leben deren Bedürfnissen unterzuordnen, geht aus den folgenden Fallbeispielen hervor:

»Keiner hat eine blasse Ahnung davon, was es bedeutet, einen Alzheimer-Patienten über Jahre rund um die Uhr zu betreuen. Ich pflege meinen 15 Jahre älteren, an Demenz erkrankten Mann nun schon seit fünf Jahren. Seitdem hat sich bei uns alles geändert, unsere familiäre Gemütlichkeit ist dahin, Feste feiern oder Urlaub machen: Fehlanzeige. Auch unsere einstigen Freunde haben sich zurückgezogen. Mein Mann ist nicht nur »nachtaktiv«, sondern wird sich inzwischen immer mehr selbst zur Gefahr. Ihn zu beaufsichtigen ist schlimmer, als drei kleine Kinder. Unser Haus wurde zu einem Hochsicherheitsgebäude umfunktioniert, überall sind Bewegungsmelder eingebaut, damit ich mitbekomme, wenn mein Mann wieder mal abhaut. Nachdem ich ihn mehrfach bei der Po-

lizei abholen musste, weil er irgendwo aufgegriffen wurde, habe ich Tag- und Nachtdienst. Oft muss ich nachts raus aus dem Bett, um ihn wieder »einzufangen«. Und niemand kann mir sagen, wie lange das noch so gehen kann. Kurzzeit- oder Tagespflege, gut und schön, die kann ich mir nicht leisten und auch keine Heimunterbringung, weil ich dann monatliche Zuzahlungen leisten müsste, die von der Rente meines Mannes nicht machbar sind. Und unser Haus mit einer Hypothek belasten möchte ich auch nicht. Das Schlimmste aber ist, dass sich mein Mann so weit von mir entfernt, dass ich ihn nicht mehr erreichen kann. Vor seinem physischen Tod stirbt seine Persönlichkeit und alles, was ihn als Mensch ausmachte. Das macht mich unendlich traurig. Es fehlt das Echo. Ich leide darunter, dass nichts zurückkommt.«
Elly (53)

Für die Frauen, denen der Schmerz über das »Davongleiten« ihres geliebten Mannes zusetzt, ist das Leben mit Demenz eine ungeheure Herausforderung. Sie verzweifeln darüber, dass sie ihren geliebten Ehepartner in dieser Welt nicht mehr erreichen. Wenn sich der Partner aus der gemeinsamen Wirklichkeit langsam verabschiedet, kränkt das. Warum lässt er mich allein?, fragen sie sich und manchmal kommt auch Wut und Aggression auf.

»Bei meinem Mann, 67, begann die Demenz mit Verwirrung und Desorientierung. Er stellte ständig dieselben Fragen und konnte sich nicht daran erinnern, dass ich sie ihm bereits beantwortet hatte. Dann lachte er oft über etwas, was absolut nicht lustig war, und immer häufiger starrte er ausdruckslos in die Leere. Dann kam die Phase, in der er ständig nach seinem Portemonnaie suchte und aufgebracht war, wenn er es nicht finden konnte. Weil ja irgendjemand schuld sein musste, beschuldigte er mich häufig, es versteckt zu haben. Immer häufiger stellten sich Missverständnisse ein und in Etappen verlor mein Mann immer mehr von seiner Persönlichkeit.«
Irene (59)

»Bei meinem Mann fielen mir zuerst seine Gefühllosigkeit und die verminderte Auffassungs- und Kombinationsfähigkeit auf.

Das war etwa im Alter von 60 Jahren. Im Nachhinein betrachtet war er aber auch schon in den Jahren davor antriebslos geworden und ein ewig grummeliger Miesepeter. Aber so was könnte ja viele Ursachen haben. Und so bleibt der Krankheitsbeginn sicher überall zunächst unerkannt.

Er war aber zeit seines Lebens ein Mann, der Wohnung, Haus, Garten und Auto in Schuss hielt. Er war ein Universal-Handwerker zu Hause, im Beruf ein erfolgreicher Ingenieur und er war ein vielseitig interessierter Mann.

Irgendwann stellte ich eine gravierende Veränderung fest. Zu allem musste ich ihn drängen. Er erkannte notwendige Arbeiten nicht mehr selbst. Seine vielen geopolitischen Zeitschriften sammelte und durchblätterte er nur noch aus Gewohnheit. Über Inhalte konnte ich nicht mehr mit ihm reden. Jede Störung ging ihm auf die Nerven. Nettigkeiten oder Zärtlichkeit waren ihm fremd.

Bei seinem sechzigsten Geburtstag wurde er gefragt, was er am liebsten mache: ›Arbeiten gehen‹ war das Einzige. Also ging er weiter arbeiten, obwohl er Rentner sein konnte. Doch bald erfuhren wir, dass er Termine und Absprachen vermasselte und seine eigene Ordnung nicht mehr beherrschte. Auf einem Parkplatz ließ er sich zehn Lederjacken andrehen und meinte, das sei ein tolles Geschäft. Plötzlich wollte er bei jedem Gewinnspiel mitmachen, obwohl er so was früher immer lauthals als sinnlosen Betrug abgetan hatte. Sein Gefühl für Geld und die Fähigkeit einzuordnen, was wichtig oder unwichtig ist, gingen verloren. Ihm am Telefon etwas klarzumachen war ein Ding der Unmöglichkeit.

Ich musste mich darauf einstellen, dass es stetig bergabgehen würde. Ich musste mich auf einen stetigen Verlust der Fähigkeiten meines Mannes und schließlich auf Pflegebedürftigkeit und Tod einstellen. So hatte ich mir unsere gemeinsame Rentenzeit nicht vorgestellt. Doch die Krankheit war nicht mehr aufzuhalten.

Ein unschönes Kapitel ist die Enthemmung. Am auffälligsten war zunächst, dass mein Mann sich nicht mehr zurückhalten konnte, wenn irgendetwas Essbares in seiner Sichtweite lag. Er schlang unglaubliche Mengen in sich hinein. Das Essen wird jetzt nur noch zugeteilt. Er bekommt nur noch kleine Löffel in die Hand. Denn einer seiner wenigen Antriebe ist, riesige Berge Essen auf Löffel oder Gabel und dann gemeinsam in den Mund zu schieben.

In Sachen Kleidung kannte er bald auch keine Regeln mehr. Und ob er anderen auf die Nerven fiel oder verletzte, dafür fehlte auch jedes Feingefühl. Irgendwann stellte sich Inkontinenz ein. Mein Mann merkte nicht mehr, wann er zur Toilette musste. Anfangs war es ihm noch sehr peinlich. Mittlerweile hat mein Mann immer Inkontinenz-Windeln an und eine enge Hose drüber. Das Bett hat eine wasserdichte Matratzenhülle und ein Gummi-Teillaken. Bettwäsche und Schlafanzug müssen trotzdem täglich in die Wäsche.

Den Verlust der Kommunikation empfand ich als sehr schlimm. Anfangs fiel auf, dass die Auffassungsgabe nachgelassen hatte. Mit ihm zu reden wurde immer schwieriger. Er selbst wurde immer schweigsamer und einsilbiger. Lange Zeit konnte er noch prima vorlesen, auch wenn er den Sinn des Gelesenen nicht mehr verstand. Mittlerweile spricht er gar nicht mehr.

Wegen seiner Gleichgewichtsstörungen kann er ohne Hilfe nicht mehr aus einem Sessel aufstehen. Beim Gehen muss er geführt werden. An schlechten Tagen oder nachmittags geht nichts mehr ohne Rollstuhl. Die Haustreppe zum Schlafzimmer wird mit Schieben und Ziehen überwunden. Jede gewünschte Bewegung muss man ihm dreimal sagen, gleichzeitig vormachen und ihn in die richtige Richtung ziehen. Auch das Waschen, Ankleiden und Zu-Bett-Bringen ist sehr schwierig, weil er nicht mithilft bzw. ja nicht versteht, was man von ihm will.

In einer Beratungsstelle sagte man mir, dass die Krankheit sechs bis zehn Jahre vom Krankheitsausbruch bis zum Tod dauern könne. Nur – wann begann die Krankheit? Das bleibt unklar. Wie gesagt, die ersten Merkwürdigkeiten werden missgedeutet, weil man ja nicht auf diese Krankheit kommt. Alle Pfleger und Ärzte behaupten, es sei bei meinem Mann extrem schnell gegangen. Trotzdem ist er bezüglich seiner körperlichen Basisfunktionen kerngesund. Und an einem kaputten Gehirn stirbt man offenbar nicht so schnell. Wann und wie endet die Krankheit?

Schlimm war für mich die Phase des aggressiven Verhaltens, in der mein Mann bei sich feststellte, dass er nicht mehr alles im Griff hatte. Natürlich schob er es auf meine Unfähigkeit und dies recht lautstark. Dies klang natürlich verbal aggressiv und war verletzend. Körperlich aggressiv ist er aber nie geworden. In Streitfällen polterte er kräftig und ging dann unter Protest weg. Irgendwann verwandelte sich diese Trotzreaktion, er kam in den Zustand ›des ewigen Lächelns‹. Wenn er etwas nicht begriff und früher eigentlich kräftig geschimpft hätte, entspannte sich sein Gesicht plötzlich und er lächelte. Bald lächelte er ständig. Möglicherweise kam der Umschwung auch mit einem der Medikamente. Immerhin war das Zusammenleben mit ihm ab diesem Zeitpunkt einfacher. Ich musste mir nur Mühe geben, zu unterscheiden, was ein Verlegenheitslächeln war und was ihm wirklich Freude bereitete.

Es tat mir weh, eines Tages feststellen zu müssen, dass mein Mann mich nicht mehr erkannte. Dass ich immer da bin, empfindet er als selbstverständlich. Weh tut es, wenn er mich fragt: ›Wer sind Sie eigentlich?‹

Wenn die Fähigkeit zur Sprache dahin ist, bleiben für den Kranken genau wie beim Baby nur unartikulierte Laute. Bei meinem Mann war es ein ewiges ›Äääh‹. An Tonfall und Lautstärke musste ich dann erraten, ob er wirklich etwas wollte und was das sein konnte, oder ob er nur zum Zeitvertreib ›äääähte‹. Manchmal hatte ich den Eindruck, dass er Aufmerksamkeit erregen wollte. Nervig war es in jedem Falle. So anstrengend das Leben mit meinem verwirrten Mann war, so friedlich war sein Tod. Er schlief ein und hörte irgendwann einfach auf zu atmen. Er und ich waren erlöst.«

Ingrid (61)

Verlauf und Länge der Krankheit erfordern es, den Blickwinkel auf sie zu verändern, indem man eher das wahrnimmt, was trotz des Rückgangs an Persönlichkeitsanteilen noch positiv ist. Das kann beispielsweise eine komische Bemerkung sein, die zum Lachen anregt, oder auch die Tatsache, dass man den Demenzerkrankten nun nur noch über Gefühle erreichen kann, was in gesunden Tagen überhaupt nicht möglich war, weil man sich Gefühle nicht gestattete.

Voraussetzung für den richtigen Umgang mit Demenzerkrankten ist die Kenntnis über dessen momentanen geistig-seelischen Zustand. Mediziner unterscheiden verschiedene Stadien der Demenzerkrankung:[9]

Im *ersten Stadium* einer Demenzerkrankung stehen meist harmlose Vergesslichkeiten: Der Betroffene steht im Supermarkt und weiß plötzlich nicht mehr, was er kaufen wollte. Dinge gehen verloren und tauchen an den unmöglichsten Stellen wieder auf.

Im *zweiten Stadium* kommen Orientierungsprobleme hinzu, es treten Sprachschwierigkeiten auf und das Urteilsvermögen ist stark beeinträchtigt, das Gehirn beginnt, drastisch abzubauen. Der Betroffene spürt das durchaus selbst und reagiert mit Unruhe, Angst und Aggression. Häufig entwickeln die Betroffenen auch eine Depression.

Im *dritten Stadium,* das man auch als »Abschied vom Ich« bezeichnen könnte, treten Verhaltensänderungen und Persönlichkeitsstörungen bis hin zu Wahnvorstellungen auf. Betroffene erkennen ihre Umgebung und selbst den Partner nicht mehr, mit dem sie ihr ganzes Leben verbracht haben. Verschlimmert sich die Erkrankung, werden die Patienten inkontinent und können nicht mehr alleine essen. Sie werden pflegebedürftig und brauchen kontinuierliche Aufsicht. Dieses Stadium kann Jahre dauern: Die Patienten haben die Intelligenz eines Neugeborenen erreicht, können nicht mehr sprechen und sind oft bettlägerig.

Für das Verständnis von Demenzerkrankten ist es auch hilfreich, sich Folgendes klarzumachen:

a) Es gibt »gute« Tage, an denen das Bewusstsein weniger stark eingeschränkt ist, und »schlechte« Tage mit großer Verwirrung.

b) In klaren Momenten erkennen die Demenzpatienten den Verlust der eigenen Geschichte, ihrer sprachlichen Ausdrucksmöglichkeiten und ihrer Orientierungsfähigkeit. Das macht ihnen Angst und führt entweder zu Aggressionen oder zu Depressionen.

c) Das Gefühl bleibt ansprechbar, auch wenn alle Worte den Patienten nicht mehr erreichen. Das zeigt sich beispielsweise beim Hören von Liedern, die sie seit Kindertagen kennen.

Das ist daran zu erkennen, dass sie dann über einen weit längeren Zeitraum als sonst ruhig und konzentriert sein können.

Für die Angehörigen eines Demenzerkrankten ist der langsame »Schwund« des Menschen, den sie einmal kannten, eine schwere seelische Belastung. Das betrifft vor allem die Lebenspartner. Für sie ist nichts mehr so, wie es einmal war. Sie sind gezwungen, nicht nur von ihrem Partner Abschied zu nehmen, sondern auch von den gemeinsamen Plänen für die Zukunft. Und sie müssen sich der Tatsache stellen, dass sich die Erkrankung immer weiter verschlechtert und zur vollständigen Pflegebedürftigkeit führt.

Gefühle wie Trauer, Ohnmacht, Verzweiflung und Hoffnungslosigkeit sind beim gesunden Partner am Anfang völlig normal. Aber auch Unmut, Reizbarkeit und Aggressivität können hinzukommen, Gefühle, für die er sich schämt, weil der Partner ja auch nichts für seine Krankheit kann. Trotzdem sollten diese Gefühle nicht unterdrückt und verdrängt werden, sonst manifestieren sich die seelischen Beschwerden in körperlichen Erkrankungen. Besser ist es, zu seinen Gefühlen zu stehen, sie herauszulassen und mit anderen darüber zu sprechen.

Nicht selten sind Partner und Pflegende mit dem aggressiven Verhalten des Erkrankten konfrontiert. Das ist für eine Demenz durchaus nicht ungewöhnlich. Vor allem in der Anfangszeit kann das Erkennen der eigenen Defizite und die Trauer über den Verlust der geistigen Fähigkeiten bei Erkrankten Wut auslösen.

Der Alltag ist zermürbend, denn Demenz ist unberechenbar: Was heckt das erkrankte Gehirn gerade wieder aus? Wann kommt ein neuer Schub? Wie lange dauern die guten Phasen, wie lange die schlechten? Welche Fähigkeit verliert der Kranke als Nächstes?

»Ich habe lange versucht, meinen Mann zu ändern, bis ich begriffen habe, dass es nicht mehr geht. Man selbst muss sich ändern. Geduld war dabei für mich am schwierigsten zu lernen. Der Alltag in den Jahren der Krankheit meines Mannes war zermürbend und oft war ich am Ende meiner Kräfte. Ich war ausgebrannt, wütend auf die Krankheit.

Demenz – das heißt nicht nur 24 Stunden am Tag aufpassen, kümmern, erklären, besänftigen und sauber machen, sondern das heißt vor allem auch, mit anzusehen, wie ein geliebter Mensch allmählich ein anderer wird. Wie sich Rollen umkehren: Aus dem tüchtigen, allseits anerkannten Ehemann wird das hilflose Kleinkind im Erwachsenenkörper, dem man wieder die Mahlzeiten pürieren, die Windeln wechseln, das Bett machen muss. Bei Kindern geht es in kleinen Schritten aufwärts, bei Demenzkranken in kleinen Schritten abwärts und das Schreckliche an diesem Prozess ist die Gewissheit, dass er unumkehrbar ist. Quälend ist auch die Angst vor der eigenen Zukunft.

Für mich heißt Demenz schlicht: jeden Tag ein bisschen mehr Abschied zu nehmen von dem Mann, den man liebt.«
Edith (62)

1.2.2. Das Koma

Auf einen langen Abschied von einem geliebten Menschen müssen sich auch Angehörige einstellen, wenn dieser in ein Koma gefallen ist. Ein Koma ist der Zustand tiefer, durch keine äußeren Reize zu unterbrechender Bewusstlosigkeit.

Ein Koma ist nicht wie Demenz eine Krankheit, sondern ein Symptom einer Krankheit oder einer Verletzung. Ursachen sind schwerste Störungen der Gehirnfunktionen. Diese können ausgelöst werden durch:

a) primäre Gehirn-Erkrankungen wie Schlaganfall, Schädelhirntrauma, Meningitis, Hirntumor,

b) Stoffwechselerkrankungen wie Zuckerstoffwechselstörung, Sauerstoffmangel, Niereninsuffizienz, Leberinsuffizienz und

c) Vergiftungen, z.B. durch Drogen
   (weiterführende Literatur zum Thema »Koma« vgl. S. 144).

Das Koma ist ein schwerer, lebensbedrohlicher Zustand und bedeutet für den Betroffenen meist das Endstadium.

Was das wiederum für Angehörige bedeutet, davon erzählt folgendes Fallbeispiel:

Um 18 Uhr deckt Monika (54), wie jeden Abend, den Tisch. Sie wartet auf ihren Mann. Eigentlich müsste er längst zu Hause sein. Aber er kommt nicht.

»Drei Tage lang habe ich nichts von ihm gehört. Diese Erfahrung wünsche ich keinem Menschen. Ich habe mir eine Menge Gedanken gemacht, habe Angst gehabt, dass er tot ist, umgebracht worden zum Beispiel. Und das alles nur, weil es im Krankenhaus niemand für nötig gehalten hat, mir Bescheid zu sagen.«

Erst nach drei Tagen voller Sorge kommt der Anruf der Klinik. Eine Krankenschwester teilt Monika mit, dass ihr Mann (56) einen Autounfall hatte und auf der Intensivstation liegt – im Koma.

»Dabei hat mein Mann immer gesagt, dass ihm in seinem Mercedes so etwas nicht passieren kann. Und dann ist es doch passiert. Totalschaden. Er selbst hat massive Gehirnverletzungen.«

Der erste Besuch ist für die Ehefrau ein Schock. Intensivstation: Kabel über Kabel, piepsende Geräte, mittendrin ihr Mann, regungslos und nicht ansprechbar. Immerhin braucht er keine Herz-Lungen-Maschine, weil er noch selbstständig atmet.

Was ist Koma? Monika will alles wissen, will begreifen, was vor sich geht. Sie besorgt sich Bücher und liest. Aber mit den meisten medizinischen Begriffen kann sie nichts anfangen. Sie spricht mit Freunden ihres Mannes, die Ärzte sind, und sucht nach Klarheit.

»Es gibt keine Regel für den Verlauf eines Schädelhirntraumas, das wusste ich schon nach kurzer Zeit. Es kommt immer darauf an, in welchem Teil des Gehirns die Verletzungen liegen.«

Die Ärzte machen ihr wenig Hoffnungen: wenig Aussicht auf ein Erwachen, unwahrscheinlich, dass er je wieder sprechen wird. Die schwierigste Situation käme nach ca. fünf Monaten, wenn nicht schon vorher eine Komplikation einträte.

»Da kann man nichts mehr machen«, sagt der behandelnde Arzt und lässt durchblicken, dass man das Problem durch die Entfernung der Magensonde lösen könne.

»Sie nennen das ›die Magensonde ziehen‹. Mein Mann wäre verhungert.«

Vor diese Entscheidung werden viele Angehörige von Koma-Patienten gestellt. Immer wieder hat Monika das später von anderen Betroffenen gehört. Die Medizin vermag viele Menschen zu retten, die noch vor einigen Jahrzehnten keine Chance hatten. Wenn jemand aber ein lebenslanger Pflegefall zu werden droht, dann kommt von Ärzten die Frage, ob nicht die künstliche Ernährung beendet werden sollte.

»Auf mich wirkte das wie eine besonders drastische Form von Sparmaßnahmen im Gesundheitswesen. Ich wusste zum Glück sehr genau, dass ich mit dieser Entscheidung nicht leben könnte, und habe dem behandelnden Arzt klargemacht, dass so etwas für mich nicht infrage kommt. Ich war mir sicher: Bei meinem Mann war noch ganz viel zu machen.«

Nach einem halben Jahr schlägt ihr Mann die Augen auf. Das ist nicht das Ende des Komas, nur ein weiterer Schritt in Richtung Leben. Sein Blick schweift in die Ferne, ins Unendliche, Wachkoma heißt dieser Zustand.

Im Wachkoma wird das Leben durch die Funktionen des Hirnstamms aufrechterhalten. Die Betroffenen werden zwar wach, erlangen aber mangels kognitiver Funktionen nicht das Bewusstsein und können in keinerlei Kontakt mit der Umwelt treten, weder aktiv noch passiv.

Lange Zeit noch kann Monika ihre Hoffnung aufrechterhalten, dass ihr Mann eines Tages einfach wieder sprechen kann und alles so wie früher ist.

In ihrem Kopf dreht sich ein Karussell von Gedanken: Hoffnung auf eine Verbesserung seines Zustands, Wut darüber, dass sie bei der Auswahl der Klinik keine Mitsprachemöglichkeit hatte, innerer Abschied von einem Mann, der zwar lebt, aber doch kein Partner mehr ist.

»Ich hatte mir meine Zukunft anders vorgestellt. Ich hatte das Gefühl, einen Mann zu haben, mit dem ich alt werden kann. Und dann dieser radikale Schnitt.«

Bis heute, drei Jahre nach dem Unfall, trauert sie um den Verlust dessen, was ihren Mann ausmachte. Wenn sie nach Hause kommt, dann ist da keiner mehr. Die Gespräche, die früher das Leben bereicherten, finden nicht mehr statt. Manchmal glaubt sie, der Tod sei vermutlich leichter zu verkraften, denn er besitzt Endgültigkeit. Doch beim Koma gibt es kein klares Ja oder Nein. Es ist ein ständiges Schwanken zwischen Hoffnung und absoluter Traurigkeit.

Am Ende war jedes Bemühen umsonst. Monikas Mann starb – wie es nicht selten in Krankenhäusern geschieht – an einer Lungenentzündung.

Für die Angehörigen ist der Zustand des Komapatienten unfassbar. Da liegt ein geliebter Mensch, er atmet und scheint nur zu schlafen, aber es eröffnet sich keine Möglichkeit, mit ihm zu kommunizieren. Und immer wieder stellen sie sich die bohrenden Fragen:

- Kann er noch meine Stimme hören?
- Fühlt er, wenn ich ihn streichle?
- Wird er wieder aufwachen?
- Werde ich jemals wieder mit ihm sprechen können?

Optimistische oder auch gläubige Menschen sind davon überzeugt, dass der Komapatient »noch alles mitbekommt«. Aber realistisch gesehen, hängt es wohl davon ab, welche Gehirnareale zerstört worden sind und welche nicht – oder allgemeiner: Es kommt auf die Tiefe des Komas an.

Mediziner unterscheiden mehrere Grade des Komas. Es ist aber nicht immer sicher, ob sie sich die Mühe machen, die Komatiefe eines Patienten – bei aller Schwierigkeit des Problems – verantwortungsvoll zu bestimmen.

In einem mir bekannten Fall wurde ein niedergelassener Internist zu einer Frau gerufen, die kurz zuvor aufgrund eines Gehirntumors in ein Koma gefallen war. Sie lag regungslos im Bett mit halb geschlossenen Augen und ihre Fingernägel waren schon blau angelaufen. Der Arzt sprach sie mit lauter Stimme an: »Hören Sie mich, Frau D.?« – Keine Reaktion. Dann gab er ihr mit der flachen Hand eine sehr kräftige Ohrfeige. Auch keine Reaktion. Darauf die Diagnose des Arztes: »Die ist im Koma, die merkt überhaupt nichts mehr!« Der Ehemann der Frau, der Zeuge dieses Vorgangs war, fand dieses unsensible, ja brutale Verhalten unfassbar.

Wenn auch Ihnen so etwas passiert, versuchen Sie die Fassung zu bewahren, wechseln Sie den Arzt und vor allem: Hören Sie auf Ihre innere Stimme! Ihre innere Stimme sagt Ihnen, dass Sie glauben und hoffen dürfen, abseits aller neurologischen Tatsachen: Dieser Mensch ist zwar nicht mehr bei Bewusstsein, aber seine Seele lebt.

Die Einstellung zu einem Komapatienten sollte grundsätzlich von dem Gedanken geprägt sein, dass Menschen, selbst wenn sie völlig weggetreten und teilnahmslos sind, ihre Würde nicht verloren haben.

Im Übrigen plädiere ich dafür, im Zweifel davon auszugehen, dass der Komapatient alles mitbekommt, was um ihn herum geschieht. Deshalb sind die Angehörigen zu besonderer Sensibilität aufgefordert, um auf diese Menschen richtig eingehen und ihre besondere Situation wahrnehmen zu können.

Manchmal sind Komapatienten – auch wenn es im Einzelfall unklar bleibt – noch zu sinnlichen Wahrnehmungen fähig. Das weiß man von Unfallopfern, die nach Monaten aus dem Koma erwacht sind. Berührungen der Hände vermitteln sinnliche Erfahrungen und sind ein sensibles Mittel, Kommunikation aufzunehmen. Das Streicheln des Armes und des Gesichtes wird als angenehm empfunden. Selbst Pflegeverrichtungen, die liebevoll und gefühlvoll ausgeführt werden, können ein Genuss für Komapatienten sein. Manchmal ist die Musik ein Schlüssel für den Zugang zum Kranken. An einen Fall aus meiner Sterbebegleitung kann ich mich besonders gut erinnern. Es handelte sich um eine junge Frau mit Gehirntumor, die als so schwer gehirngeschädigt galt, dass Ärzte und Pflegepersonal unterstellten, sie bekäme nichts mehr mit. Ich habe sie bis zu ihrem Tod begleitet und die Erfahrung gemacht, dass sie auf leises Singen oder ruhiges Sprechen immer sehr entspannt reagierte. Einmal habe ich sogar auf den Druck ihrer Hand einen schwachen Gegendruck gespürt.

Julia Tavalaro beschreibt in dem autobiografischen Buch »Bis auf den Grund des Ozeans«[10] ihre Leidensgeschichte. Nach einem schweren Schlaganfall galt sie sechs Jahre lang als schwerstbehindert, als nichts wahrnehmende hirntote Komapatientin. Aber sie war »nur« in ihrem nicht funktionstüchtigen Körper gefangen. Ihre Menschenwürde wurde nicht geachtet, sie als Person nicht anerkannt, da ihr Körper nicht die »normalen« Funktionen ausführte.

Dieser autobiografische Roman regt an, über unsere herkömmlichen Formen der Kommunikation mit Komapatienten nachzudenken und immer wieder nach der Person in dem veränderten Körper zu suchen.

2. Die Zeit der Trauer

Im vorangegangenen ersten Teil »Endgültiges Abschiedneh-men« (S. 19) ist dargelegt worden, dass die Angehörigen, abhän-gig von den Todesumständen, in unterschiedlicher Weise und In-tensität von den Verstorbenen Abschied nehmen. Nach dem endgültigen Abschied beginnt die Zeit der Trauer. Dass Abschied und Trauer kausal miteinander zusammenhängen, ergibt sich be-reits aus der eigentlichen Bedeutung des Wortes »Abschied«:

Das Wort »Abschied« ist verwandt mit dem mittelhochdeut-schen Verb »abescheiden«, das bedeutet »lostrennen, entfer-nen«.[11] »Abschied« bedeutete früher außer »Weggang, Trennung und Entlassung« auch »Tod« und hatte damit auch den Charak-ter des Endgültigen. In einem Schlager hieß es: »Abschied ist ein scharfes Schwert.« Damit wird deutlich, dass mit Abschiedneh-men etwas auf Dauer getrennt wird, was vorher verbunden war, und dass das sehr schmerzt. Auf einen endgültigen Abschied, auf einen nicht auszugleichenden Verlust, reagieren wir mit Trauer.

2.1. Trauer als Reaktion auf Verluste

2.1.1. Der Ausnahmezustand der Seele nach Partnerverlust

Trauer ist eine schwere Erschütterung, die wir erleben, wenn ein Mensch stirbt, den wir lieben, der von großer Bedeutung für un-ser eigenes Dasein ist. Sie kann unsere gesamte Existenz betref-fen. Nichts ist mehr so, wie es war, und der Trauernde muss mit seiner Trauer umgehen lernen. Trauer ist der Schmerz der Zu-rückbleibenden und so unterschiedlich und facettenreich wie das Leben.

Unter Trauer sind zunächst die *psychischen Reaktionen* zu ver-stehen, die nach dem Verlust eines nahestehenden Menschen durch dessen Tod auftreten. Trauer ist keine Krankheit, sondern eine lebenswichtige Reaktion auf einen erlittenen Verlust. Sie wird von jedem individuell erlebt, auch wenn sie von der Einstellung der Gesellschaft zum Umgang mit Tod und Trauer beeinflusst wird. Zu den mit der Trauer verbundenen Gefühlen gehören: Verlassenheit, Einsamkeit, Hilflosigkeit, Beklemmung, Unsicherheit, Wut, Angst, Zorn und manchmal auch Erleichterung. Wichtig ist, dass Trauer Raum und Zeit gegeben werden muss. Sie sollte nicht verdrängt werden, denn es ist eine unter Ärzten und Psychologen anerkannte Tatsache, dass unverarbeitete Trauer zu Krankheiten und seelischen Schäden führen kann. Wichtig ist auch für das Umfeld eines Trauernden, dass es kein »falsches« oder »richtiges« Trauern gibt. Deshalb sollte man einem Trauernden seine eigene Art des Trauerns lassen.

Trauer kann sich jedoch auch *körperlich* auswirken, und zwar in Müdigkeit, Antriebsschwäche, Lustlosigkeit, Desinteresse, Überempfindlichkeit gegen Lärm, Magenbeschwerden, Atemnot, Herzschmerzen, Ess- und Schlafstörungen. Die erste Zeit nach einem Trauerfall ist in jedem Fall kritisch. Besonders bei Verlust des Partners erhöht sich die Anfälligkeit für Erkrankungen wie Herzinfarkt oder Schlaganfall.

Wichtig für die Verarbeitung von Trauer ist es – wie schon ausgeführt –, dass der erlittene Verlust realisiert und verarbeitet wird. Es gibt Trauernde, die sich am liebsten nur verkriechen möchten. Aber erst das Zulassen von Schmerz und Tränen ermöglicht, dass wir loslassen können. Wer dagegen seine Trauer verdrängt und dadurch verschleppt, bremst auch seine Lebensenergie.

Ältere Menschen trauern anders als jüngere, denn ihr soziales Netzwerk wird dünner, sie müssen häufiger Abschied von Weggefährten nehmen und erfahren hautnah, was »Herbst des Lebens« bedeutet. Körperliche Beschwerden stellen sich ein, und das hat wiederum Auswirkungen auf die Kontakte zu anderen.

Frauen gehen mit Verlusten anders um als Männer und haben auch andere Ausdrucksformen, ihre Gefühle mitzuteilen. Frauen sind eher dazu bereit, sich in ihrem Leid zu offenbaren, über ihren Verlust zu reden, Männer dagegen versuchen, »über den Dingen zu stehen«, sich ihre Trauer nicht anmerken zu lassen und alles mit sich selbst auszumachen. Andere wiederum stürzen sich in Aktionismus, werden zu Workaholics, ziehen sich in ihr Schneckenhaus zurück oder trösten sich mit Alkohol. Vor allem ältere Witwer vernachlässigen häufig sich und ihre Kontakte und vereinsamen.

Witwen sind – im Gegensatz zu Witwern, die immer »stark« sein müssen – eher dazu bereit, sich zu öffnen, ihre Trauer zuzulassen, wann immer sie an die Oberfläche kommt, und sie in ihr Leben zu integrieren. Frauen sind gesundheitsbewusster als Männer und wissen intuitiv: »Die Trauer muss raus, sonst macht sie krank.« Deshalb sind sie auch eher dazu bereit, »Trauerarbeit« zu leisten und sich ihrem Verlustschmerz zu stellen. Witwen entdecken auf ihrem Trauerweg Dinge, die ihnen Spaß machen und für die sie sich engagieren. Sie finden eher Kontakte zur Außenwelt und erhalten dadurch eine Chance für ein Leben »danach«, das anders ist, aber durchaus auch schön und inhaltsvoll sein kann.

Wie unterschiedlich der Trauerprozess empfunden wird, hängt auch von den Umständen ab, unter denen der geliebte Lebenspartner starb, insbesondere, ob der Tod unerwartet oder nach langer Krankheit eintrat, wie im Teil »Endgültiges Abschiednehmen« (S. 19) ausgeführt wurde.

Manchmal gerät der Trauerprozess auch ins Stocken, er kann nicht zu Ende geführt werden, dann nämlich, wenn ein reales Abschiednehmen gar nicht möglich war, z. B. weil der Leichnam nicht geborgen werden konnte. Denken Sie an die Ehefrau, die ihren Mann beweint, der 1943 in Russland vermisst oder gefallen ist, an die Menschen, die bei der Tsunamikatastrophe am 26. Dezember 2004 im Indischen Ozean ertranken, oder an die 116 Urlauber, die am 6. Februar 1996 auf dem Flug nach Deutschland vor der Küste der Dominikanischen Republik ins Meer stürzten und nicht mehr geborgen werden konnten. Die

Angehörigen leiden oft noch nach Jahren darunter, dass der Tod nur abstrakt erfahrbar und plötzlich eintrat und keine Leiche hinterließ. Hilfreiche Rituale wie die Aufbahrung und Beerdigung fehlen diesen Menschen, um ihn als real begreifen, akzeptieren und in das eigene Leben integrieren zu können. Hierzu auch ein Beispiel aus einem meiner Seminare:

Marita ist 56 Jahre alt. Ihr Mann stürzte während eines Urlaubs im Hochgebirge in eine Gletscherspalte. Marita war nicht dabei, sondern bekam die traurige Nachricht von Teilnehmern der Wandergruppe mitgeteilt. Obwohl Rettungsaktionen aller Art eingeleitet wurden, konnte die Leiche ihres Mannes nie geborgen werden.

Das alles liegt nun schon über sechs Jahre zurück. Die Todesnachricht hat sie nie wirklich akzeptiert und nie erhielt sie wirkliche Klarheit über dieses Unglück. Deshalb hoffte sie stets, dass ihr Mann eines Tages zurückkommen würde. Diese sechs Jahre waren für Marita eine Zeit voller Verzweiflung, Resignation, Verlassenheitsgefühlen, Ungeduld, Hoffnung und Hoffnungslosigkeit gewesen. Das Schlimmste aber war für sie die innere und äußere Einsamkeit und die Isolation, denn während des illusionären Wartens verpasste sie auch das Trauern. Seit dem Verlust ihres Mannes konnte Marita keine Nacht mehr durchschlafen und wurde geplagt von Ängsten, Nervosität und chronischen Kopfschmerzen, gegen die sie tagtäglich viele Tabletten schluckte.

Eines Tages empfand sie einen so starken Leidensdruck, dass sie sich dazu entschloss, ein Trauerseminar zu besuchen, weil ihre Nachbarin, die über Jahre ihre »Klagemauer« war, plötzlich, ohne vorher krank gewesen zu sein, an einem Herzinfarkt verstorben war. Dieser plötzliche Tod ihrer Bezugsperson brachte Marita völlig durcheinander. Sie merkte, dass es ihr nach dem Tod ihrer Nachbarin körperlich und seelisch schlechter ging als je zuvor. Sie wunderte sich über sich selbst und konnte es nicht verstehen, dass sie plötzlich in Tränen ausbrach, in der Straßenbahn, bei Freunden, auf der Straße, im Kaufhaus, obwohl sie keine besondere Bindung zu dieser Nachbarin gehabt hatte. Marita fühlte sich stark verunsichert und konnte die Welt nicht mehr verstehen. Sie hatte eine wichtige Motivation, sich auf ein Trauerseminar einzulassen: Sie erwartete, dass das Seminar ihr dabei helfen möge, ihr unkontrolliertes Weinen abzustellen.

Aus ihrer Erzählung erfuhren wir in der Trauergruppe, dass sie in ihrer Wohnung seit über sechs Jahren nichts geändert hat, weder im Schrank noch im Ehebett. Nachts, wenn sie sich schlafen legt, legt sie wie eh und je ihre Hand auf das Kissen neben ihrem Bettteil und sagt ihrem Mann »Gute Nacht«. Wenn sie aus der Stadt nach Hause kommt, begrüßt sie wie immer ihren Mann: »Hallo Schatz, ich bin wieder da!« Ähnliche Selbstgespräche führt sie mit ihm ab und zu auch beim Abendessen, wenn sie noch einen zweiten Teller auf den Tisch stellt. »Lass es dir gut schmecken. Guten Appetit!«

Zum Friedhof ist sie nie gegangen, auch nicht, wenn im November die Trauer- und Gedenktage anstanden: »Was soll ich da, er ist ja nicht begraben. Er lebt vielleicht noch, und er wird irgendwann kommen.«

Nachdem andere ihre Trauergeschichte erzählt hatten, erwähnte sie den Verlust ihrer Nachbarin, betonte aber, dass dieser Verlust ihr nicht viel ausmache. Als Motivation, am Seminar teilzunehmen, formulierte sie: »Ich möchte begreifen lernen, warum ich weine, obwohl ich für den Tod meiner Nachbarin nichts empfinden kann.«

Das erste Wochenende des Seminars blieb sie passiv, hörte nur zu und äußerte schließlich Zweifel, ob ihrer sonderbaren Trauer hier wirksam begegnet werden könne.

Im Laufe der Zeit fasste Marita immer mehr Vertrauen und merkte auch, dass die Trauergruppe ihr guttat und ihre körperlichen Symptome abnahmen. Ihr wurde bewusst, dass sie etwas nachzuholen hatte, und erklärte sich bereit, an ihre verdrängte, unerledigte Trauer heranzugehen.

Marita wurde es nach und nach möglich, sich mit der lang verschleppten Trauer auseinanderzusetzen. Sie konnte in ein virtuelles Zwiegespräch mit ihrem abgestürzten Mann treten und ihm von ihrer Enttäuschung erzählen, dass er sie so unendlich viele Jahre warten ließ, und gleichzeitig ihre Wut und ihre Schuldgefühle loswerden. Damit realisierte sie symbolisch, dass er tot war und nie mehr zurückkommen würde. Diese Erfahrung ermöglichte es ihr, einen Zugang zum Trauerschmerz zu finden, und das wiederum bedeutete, dass ihre versteinerte Trauer, die sie krank gemacht hatte, endlich zum Fließen kommen konnte. Dieses Fließen bedeutet Lebensenergie, um Entscheidungen für eine Neuorientierung treffen zu können. Danach konnte sie vor den anderen von ihrem Mann Abschied nehmen und etwas zu Ende bringen.

2.1.2. Die Verstärkung der Trauer durch zusätzliche Verluste und Belastungen

Als belastend für den Trauernden und damit die Trauer verstärkend wirken sich zusätzliche Verluste im sozialen und ökonomischen Bereich aus.

Nach dem Verlust des langjährigen Partners bricht oft eine Welt zusammen. Tiefe Trauer und Schmerz sind die ersten und heftigen Reaktionen auf den Tod eines geliebten Menschen. In vielen Fällen war der Partner die Hauptbezugsperson. Häufig hat man mit dem vertrauten Partner lange Jahre – »gute Zeiten und schlechte Zeiten« – gemeinsam erlebt. Man hat den Alltag geteilt, die Freizeit zusammen gestaltet, gemeinsam Freundschaften gepflegt. Der Partner war Teil der eigenen Identität, er sicherte Stabilität und bot Geborgenheit. Die Paarbeziehung vereint Aspekte, die sonst eher getrennt sind: sowohl Zuneigung, Intimität und soziale Gemeinsamkeit, wie man sie auch in Freundschaften findet, als auch Dauerhaftigkeit und Verlässlichkeit, wie sie eher Verwandtschaftsbeziehungen kennzeichnen.

Für Betroffene bedeutet der Tod des Partners häufig einen Bruch in allen diesen Bereichen. Auf einmal ist man ganz auf sich selbst gestellt und auf sich selbst zurückgeworfen. Ohne den vertrauten Partner sieht die Welt ganz anders aus. Manchen fehlt besonders schmerzlich der vertraute Begleiter auf allen Wegen, bei anderen ist es vor allem der Gesprächspartner, mit dem man alles bereden und besprechen konnte. Auch die Beziehungen zu anderen Menschen verändern sich nach dem Tod des Partners. Man ist jetzt häufig alleine unterwegs und man wird auch von anderen Menschen anders wahrgenommen.

Der Tod des Partners bringt das ganze Leben durcheinander. Wie Witwen damit umgehen, ist so individuell verschieden, wie wir Menschen verschieden sind. Es gibt an sich kein Richtig oder Falsch. Trauer ist kein Zeichen der Schwäche, sondern Zeichen unseres Menschseins. Trauer ist der Preis, den wir für die Liebe zu einem Menschen bezahlen, denn lieben heißt, verletzlich zu sein. Wer sicher sein will, niemals Verlustschmerz zu erleiden, der sollte sein Herz nie verschenken, nicht einmal an ein Tier.

Die Frage ist, wie man mit diesen Veränderungen umgehen kann und welche neuen Bindungen zu anderen und zu sich selbst hergestellt werden können. Ganz besonders geht es um die Veränderungen in der Alltagsgestaltung und in den sozialen Beziehungen, also um die Beziehungen zu Verwandten, Freunden, Bekannten und Nachbarn. (Vgl. hierzu »Aus der Trauer zurück ins Leben finden«, S. 100.)

Der Tod verändert alles. Auch wenn das Leben wieder seinen Gang geht, wenn trauernde Ehepartner schließlich wieder Tritt gefasst haben oder sogar neu anfangen, der Verlust bleibt, und die Tatsache, dass ihre Welt und ihr Leben so wie es vorher war, nie mehr werden können. Der Verlust und die Trauer um den geliebten Partner verändern Trauernde in ihrer Persönlichkeit, denn durch den Tod des Partners, mit dem man sein Leben geteilt hat, findet ein großer Bruch statt.

Finanzielle Probleme türmen sich auf, zu denen noch Erbstreitigkeiten kommen können. Das soziale Umfeld verändert sich, Einsamkeit breitet sich aus und man muss Aufgaben übernehmen, die früher der Lebenspartner abdeckte (Kompetenzproblem). Gelegentlich muss die Witwe auch noch Abschied von Illusionen über ihre Ehe nehmen.

a) Das Kompetenzproblem

Mit dem Kompetenzproblem sind die Schwierigkeiten gemeint, Aufgaben des verstorbenen Mannes zu übernehmen.

»Wie ein Roboter tat ich alles, was nötig war, um mit dem gewaltigen Berg von Problemen fertig zu werden, der sich vor mir auftürmte. Mein Mann und ich hatten uns ein gut gehendes Lokal aufgebaut. Für das Geschäftliche zeichnete er verantwortlich, für das Praktische war ich zuständig. So waren unsere Rollen verteilt. Nach seinem Tod hatte ich auch noch sein Ressort zu verwalten, von dem ich absolut keine Ahnung hatte. Das war eine Überforderung für mich, was Angst und Verunsicherung zur Folge hatte. Aber ich wusste, dass ich vor der Schließung des Lokals, das ich allein nicht hätte weiterführen können, noch geschäftliche Verbindlichkeiten abwickeln musste, die früher zum Ressort meines Mannes gehörten. Zwangsläufig übernahm ich diesen Bereich, weil es sein musste. Ich hatte keine Ahnung und noch weniger Überblick über Versicherungen, Konten und Geldanlagen. Ich betrat Neuland und musste mich plötzlich mit Dingen befassen, die ich früher erfolgreich vermieden und an meinen Mann weitergeleitet hatte. Einerseits hat mich die Einarbeitung in eine neue Materie gefordert und von meinem erlittenen Verlust abgelenkt, andererseits habe ich aber auch sehr unter Unsicherheit gelitten, etwas falsch zu machen und womöglich am Ende mit Schulden dazustehen …«
Elena (49)

Viele Frauen kümmern sich nicht um Geldgeschäfte und Versicherungen. Sie überlassen es ihren Männern, in der Hoffnung, »er wird's schon richten«. Für viele, die dann mit dem Nachlass konfrontiert werden, bricht eine Welt zusammen:

»Ich hatte an der Seite meines Mannes ein schönes, sorgloses Leben. Ich brauchte mich um nichts zu kümmern und das war mir recht. Doch nach dem plötzlichen Tod meines Mannes fiel ich aus allen Wolken und eine Welt brach für mich zusammen. Mein Mann hatte ohne mein Wissen mit Optionsscheinen an der Börse spekuliert und hinterließ mir einen Berg Schulden. Um sie abtragen zu können, musste ich unser Haus verkaufen und verlor damit auch noch meine Heimat.«
Charlotte (52)

»Nach dem Tod meines Mannes stand ich vor einem Scherbenhaufen und wurde nicht nur mit einem riesigen Schuldenberg, sondern auch noch mit Erbansprüchen eines unehelichen Kindes, von dem ich bis dahin nichts wusste, konfrontiert. Ich musste mich plötzlich um Dinge kümmern, von denen ich überhaupt keine Ahnung hatte. Eine gute Freundin, die sehr versiert ist in geschäftlichen Angelegenheiten, half mir mit Rat und Tat. Ich weiß nicht, wie ich es ohne sie geschafft hätte, mir Durchblick zu verschaffen. Ich rate, aufgrund meiner Erfahrung, anderen Frauen, trotz Aufgabenteilung in der Ehe so zu leben, dass man zu jedem Zeitpunkt allein weiterleben kann. Es mag zwar unbequem sein, sich für alles zu interessieren, es macht aber auch sicherer und unabhängig. Für technische Probleme ist es noch relativ einfach, sich im Bedarfsfall Hilfe zu organisieren. Da helfen oft Nachbarn, Freunde oder man bestellt eben einen Handwerker. Bei Versicherungen und Geldgeschäften sollte man immer selbst den Überblick haben, weil das existenziell ist.«
Isolde (58)

b) Die Vereinsamung

Für den Menschen, der nach vielen Jahren der Gemeinsamkeit plötzlich allein dasteht, ist es bitter, die Einsamkeit ertragen zu müssen. In den ersten Tagen, vielleicht auch Wochen, erkundigen sich die Kinder, Freunde und Nachbarn noch nach dem Befinden. Aber schon bald ist man sich selbst überlassen, darf seinen Schmerz nicht zeigen, will man nicht als wehleidig gelten. Viele vergraben sich in Erinnerungen, die irgendwann verblassen. Dann bleibt nichts mehr als die Frage: Wozu lebe ich noch? Was habe ich noch vom Leben zu erwarten?

Die meisten Witwen geraten beim Verlust ihres Mannes in eine Krise. Das gesamte Lebensgefühl ist beeinflusst. Aktivitäten erscheinen sinnlos, Freunde und Bekannte ziehen sich zurück. Das Leben verliert seine Farbe und Leuchtkraft, die Vitalität wird reduziert. Witwen fühlen sich schlaff, krank, entleert und hoffnungslos.

Das Leben wird nie wieder so sein, wie es vorher war. Es wird abgewertet, weil es keine Freude mehr macht. Man fühlt sich als Opfer des Schicksals. Wer aber in Resignation und Depression verharrt, blockiert sich und den Weg zu anderen Menschen.

c) Finanzielle Verluste

Witwen erleiden beim Tod ihres Mannes oft – d. h. natürlich nicht in allen Fällen – einen zusätzlichen Verlust: Sie müssen von 60 Prozent der oftmals kleinen Rente ihres verstorbenen Mannes leben, was bedeuten kann, dass die Wohnung oder das Haus nicht mehr gehalten werden kann. Eine Witwe, die aus finanzieller Not ihr Zuhause verliert, erleidet einen zweiten schweren Verlust.

Ein Beispiel:
Als ob der Schicksalsschlag nicht ausreichte, dass der arbeitslos gemeldete 53-jährige Ehemann von einer Autofahrt nicht mehr zurückkam, nein, die ARGE (Arbeitsagentur) musste noch eins draufsetzen. Die Frau, deren Ehemann bei einem Autounfall ums Leben gekommen war, erkrankte infolge des Schocks. Daraufhin genehmigte man ihr eine Kur. Als sie von der Kur zurückkehrte, erwartete sie dann der nächste Schock: In einem Brief der ARGE stand, die Wohnung sei nun zu groß, weil ja schließlich ein Bewohner weggefallen sei, und auch zu teuer. Sie solle in einem halben Jahr spätestens umgezogen sein. Man tat letztlich alles, um die Verzweiflung der Witwe noch zu erhöhen. Die Folge war eine schwere Depression. Zum Glück half ein Nachbar der

Witwe, machte sich kundig, besorgte ihr alle nötigen Informationen, Gesetzestexte usw. und so konnte letztlich die ARGE doch noch zum Einlenken bewegt werden.

d) Probleme mit den Erben

Wenn der Partner stirbt und kein Testament hinterlässt, tritt die »gesetzliche Erbfolge« in Kraft. Beim Haben und Bekommen geraten sich auch die friedlichsten Zeitgenossen häufig in die Haare. Bei kaum einer anderen Familienangelegenheit geht es so hart zur Sache wie beim Erben und niemals wird mit härteren Bandagen gekämpft. Selbst, wenn die eigenen Kinder sich zurückhalten und sich evtl. noch einigen können, kommt der »Fremdeinfluss« durch angeheiratete Familienmitglieder, Schwiegertöchter, Schwiegersöhne, Schwäger und Schwägerinnen besonders zum Tragen.

Eine Seminarteilnehmerin schildert ihre Erfahrungen im Erbfall nach dem Tod ihres Mannes:

»Mein Mann weigerte sich immer hartnäckig, über seinen Nachlass nachzudenken und ein Testament zu machen. Als er infolge eines tragischen Verkehrsunfalls starb, trat die gesetzliche Erbfolge in Kraft. Der Anteil meines Mannes an unserem Haus wurde folgendermaßen aufgeteilt: Eine Hälfte davon erhielt ich, die andere Hälfte erbten zu gleichen Teilen unsere drei Kinder. Ich lebte nun in Erbengemeinschaft mit meinen Kindern und war von deren Zustimmung abhängig, wenn ich etwas verändern wollte. Solange meine Kinder noch ohne Partner/innen waren, ging das auch einigermaßen gut. Aber der Fremdeinfluss durch hinzugekommene Familienangehörige brachte die Konflikte, die nur durch eine Versteigerung zum Zwecke der Vermögensauseinandersetzung aufzulösen waren. Ich verlor zwar unser Haus, das mein Mann und ich aufgebaut hatten, gewann aber meinen inneren Frieden und kaufte mir vom Erlös eine kleine Eigentumswohnung.«

Leider legen nur 20 Prozent der Deutschen ihren Letzten Willen in einem Testament nieder.[12] Die Folge ist, dass ohne vorhandenes Testament die gesetzliche Erbfolge greift und man sich schneller, als man glaubt, in einer Erbengemeinschaft wiederfindet, in der man bei allen Entscheidungen voneinander abhängig ist. Und es ist bekannt, wie schwierig es ist, viele Köpfe und Gesinnungen unter einen Hut zu bringen.

Gibt es kein Testament oder keinen Erbvertrag, aber mehrere Erben, oder verfügt der Erblasser testamentarisch, dass die Erben bestimmte Vermögensteile gemeinschaftlich erben sollen, bilden diese eine *Erbengemeinschaft*.

Was zunächst gut klingt, birgt im Alltag enormen Zündstoff und sichert Gerichten sowie Rechtsanwälten ein gutes Auskommen, denn die Erben können über den Nachlass nur gemeinschaftlich verfügen. Der Zwang, sich über jeden einzelnen Vermögensgegenstand auseinanderzusetzen, kann für Familien zur schweren Bürde werden. Krach gibt es vor allem, wenn zum Nachlass Immobilienbesitz gehört. Der eine Erbe möchte »Omas kleines Häuschen« behalten und vermieten, der andere will das schmucke Anwesen selbst bewohnen, die nächsten wollen sich einen kostspieligen Lebenstraum erfüllen und deshalb den Grundbesitz schnell verkaufen. Verzögert sich die Auseinandersetzung und will ein Erbe schneller Bares sehen, hat er mehrere Möglichkeiten, an sein Geld zu kommen. Sind sich alle einig, kann sich der Aussteiger seinen Erbteil ausbezahlen lassen. Ziehen die Erben an einem Strang, kann die Zwangsgemeinschaft ohne viel Papierkram aufgelöst werden. Geraten sich die Erben über den Immobilienwert in die Haare, kann ein Gutachter zur Konfliktlösung beitragen.

Die schlechteste Lösung bietet die sogenannte *Teilungsversteigerung*. Jeder Miterbe hat das Recht, durch einfachen Antrag beim zuständigen Amtsgericht die Zwangsversteigerung der Immobilie einzuleiten. Vermögensverluste für alle Miterben sind dann zu erwarten. Vor Gericht lässt sich selten der eigentliche Marktwert eines Grundstücks oder Hauses realisieren. Zusätzliche Kosten entstehen durch die erforderliche Expertise eines Gutachters, der für das Gericht den Versteigerungswert festlegen muss. Da die Nachteile und Kosten auf der Hand liegen, wird die Teilungsversteigerung oft als Druckmittel benutzt, um wieder Bewegung in festgefahrene Verhandlungen zu bringen. Bei der Teilungsversteigerung kann jeder, also auch ein Miterbe, die Immobilie ersteigern.

Ein weiteres Beispiel von einer Seminarteilnehmerin mag verdeutlichen, wie wichtig es ist, alle Eventualitäten frühzeitig zu bedenken. Inga erzählt von ihrem Schicksal und dem ihrer früh verwitweten Mutter:

»Früher waren wir eine glückliche Großfamilie mit sechs Kindern. Meine Eltern hatten das damals klassische Rollenverständnis, mein Vater sorgte fürs Einkommen, meine Mutter für Kinder, Haus und Garten. Als mein Vater relativ jung starb, hatte er meine Mutter als Alleinerbin eingesetzt und alle Kinder fanden das auch in Ordnung. Nach Jahren heiratete meine älteste Schwester und zog mit ihrem Mann ins elterliche Haus ein. Mutter war die Haus- und Hofverwaltung, die früher immer unser Vater übernommen hatte, zu viel. Sie sicherte sich ein Wohnrecht auf Lebenszeit und überschrieb der im Hause wohnenden Schwester das Haus. Was keiner ahnen konnte, meine Schwester erkrankte an Krebs und starb mit Anfang dreißig. Ein Testament hatte sie nicht gemacht. Nun trat die gesetzliche Erbfolge in Kraft: Zur Hälfte gehörte nun dem Mann meiner Schwester und dessen minderjähriger Tochter das Haus. Es kam, wie es kommen musste: Der Witwer heiratete wieder, brachte eine fremde Frau mit ins Haus und bekam noch weitere Kinder. Mutter wohnte jetzt, bis auf ihre minderjährige Enkelin, unter Fremden, die ihr zeigten, dass sie mit ihrem verbrieften Wohnrecht ihnen ein Dorn im Auge war. Die Politik der täglichen kleinen Nadelstiche führte dann dazu, dass Mutter sich so unwohl fühlte, dass sie das Feld räumte und zu einer anderen Schwester zog. Später erfuhren wir, dass unser Ex-Schwager sich auf billige Art und Weise den Anteil seiner Tochter unter den Nagel gerissen hat. Wir verloren alle unser Zuhause, unseren Stützpunkt, wo wir Mutter jederzeit besuchen konnten.«

Auch Lena (54) erlitt nach dem Tod ihres Mannes einen doppelten Verlust:

»Ich heiratete in zweiter Ehe einen Witwer mit einem noch kleinen Sohn, den ich großzog und ihm seine verstorbene Mutter ersetzte, und zog in sein Haus. Über ein Testament haben wir nie gesprochen. Ich ging immer davon aus, dass mein Mann schon gut für mich sorgen würde. Nach einem Herzinfarkt lag mein Mann wochenlang in der Klinik im Koma und war bis zu seinem Tod nicht mehr ansprechbar.

Mein Mann hatte tatsächlich zu meinen Gunsten ein Testament gemacht und mich zur Alleinerbin eingesetzt. Sein Sohn war als Nacherbe ausgewiesen. Da er aber seine Erbnachfolge nicht abwarten wollte, forderte er sein ›Pflichterbe‹, das in Form von Geld ausgezahlt werden muss. Da ich über so viel Barmittel nicht verfügte und auch auf das Haus keinen Kredit aufnehmen konnte (ich hätte ihn von der kleinen Witwenrente auch nicht zurückzahlen können), war ich gezwungen, das Haus zu verkaufen. Ich hatte nicht nur meinen Mann verloren, sondern auch noch mein Zuhause.«

Dieses Beispiel zeigt, dass sich erst im Erbfall zeigt, was eine Familie wirklich wert ist.

e) Der Verlust einer Illusion

Eine besondere Form eines zusätzlichen Verlustes einer Witwe wurde in dem Fernsehfilm »Das zweite Leben«[13] thematisiert:

Anne Kreutzer hat in ihrem Leben alles richtig gemacht. Seit fünfzig Jahren führt sie eine glückliche und vorbildliche Ehe mit ihrem Mann Alfred, einem angesehenen Juraprofessor, der für den Europäischen Gerichtshof für Menschenrechte in Straßburg tätig ist. Beide haben ein großes, schönes Haus in Würzburg, einen Oldtimer in der Garage und eine erfolgreiche Tochter. Doch nach dem plötzlichen Tod ihres Mannes bricht für Anne Kreutzer eine Welt zusammen. Alfred hinterlässt nicht nur einen Berg unvorhergesehener Schulden, sodass der Verlust des Hauses droht, sondern Anne entdeckt auch, dass ihr Gatte in Straßburg ein zweites Leben geführt hatte.

Sicherlich ist die Trauer über den Verlust des Partners noch schwerer zu ertragen, wenn sie von Enttäuschungen überschattet wird und offenbar wird, dass der Partner ein anderer war als der, für den man ihn hielt. In diesem Fall ist nicht nur der Tod als schicksalhaftes Ereignis zu betrauern, sondern auch noch der Betrug.

2.2. Was Trauernden hilft

Wer sich oder anderen Trauernden helfen möchte, sollte sich bewusst sein, dass man die Trauer auf Dauer nicht vermeiden kann und dass sich Trauer in bestimmten Phasen vollzieht.

2.2.1. Die Akzeptanz des Trauerprozesses

Sich ablenken und schnell vergessen – das scheint für viele Trauernde der einzige Weg zu sein, mit dem Verlust eines geliebten Menschen »fertig zu werden«.

Aber die Trauer lässt sich ohne Schaden für Seele und Körper – wie schon erwähnt – leider nicht verdrängen. Verdrängte oder rationalisierte Trauer lässt Menschen oft depressiv, einsam oder auch krank werden. Viele Krankheiten entstehen durch großen seelischen Schmerz unabgeschlossener Trauer und die Unfähigkeit, loszulassen. Es führt kein Weg daran vorbei: Man muss sich mit der Trauer beschäftigen.

Trauerforscher wie beispielsweise John Bowlby, Yorick Spiegel[14], Elisabeth Kübler-Ross und Verena Kast kamen zu der Erkenntnis, dass Trauer ein Prozess ist, der bestimmte Phasen durchläuft. In Anlehnung an die von ihnen vorgeschlagenen Modelle kann man folgende Phasen unterscheiden:

a) Schock und Verleugnung
b) Lähmung
c) Desorganisation
d) Akzeptanz
e) Neuorientierung

Insbesondere die ersten drei Phasen können sich teilweise über-lappen und abwechselnd hervortreten. Im Übrigen sind sie bei jedem Trauernden verschieden stark ausgeprägt.

Das Durchleben des gesamten Trauerprozesses erfordert Energie, schmerzt und nimmt Trauernden die Kraft für andere Dinge. Man spricht in diesem Zusammenhang auch von »Trau-erarbeit«. Viele Trauernde versuchen, diesen Prozess daher zu vermeiden oder abzukürzen, und flüchten sich in Beruf, Arbeit, Vergnügen, Alkohol oder neue Beziehungen.

a) Die Schock- und Verleugnungsphase

Wenn ein Mensch mit einem unabänderlichen Verlust konfron-tiert wird, reagiert er zuerst mit einem Schock. Das Bewusstsein weigert sich, sich das Ausmaß der Katastrophe vorzustellen, das Geschehene wahrzuhaben. Der Tod erscheint den Hinterblie-benen unwirklich. Er wirkt wie ein Faustschlag in die Magen-grube, nimmt uns den Atem. Selbst wenn der Tod erwartet wurde, kann unser Körper und Geist ihn anscheinend nicht an-nehmen. Wir wollen die Realität dieses Verlustes nicht akzeptie-ren, wir wollen nicht glauben, dass die Person, die wir lieben, gestorben ist.

Schock und Fassungslosigkeit lassen Schuldgefühle und Be-dauern entstehen. Wir verurteilen uns selbst gnadenlos: »Ich hätte ihn früher ins Krankenhaus bringen sollen. Wir hätten an-dere Behandlungsmethoden versuchen sollen. Ich wünschte, ich hätte mehr Zeit mit ihm verbracht. Ich wollte in dem Moment da sein, als er starb.«

Unsere Fähigkeit, grausam zu uns selbst zu sein, erstaunt mich immer wieder. In der Zeit unserer größten Verletzlichkeit quälen wir uns selbst mit unserer Selbstverurteilung, statt achtsam und behutsam mit uns umzugehen.

b) Die Lähmungsphase

Zu Beginn des Trauerprozesses fühlen sich Trauernde »wie gelähmt«. Die innere Lähmung ist ein Selbstschutzmechanismus, der unterschiedlich lang anhält. Die Lähmungsphase wird von Trauernden als »Leere« beschrieben: »Ich konnte keinen klaren Gedanken fassen, mich auf nichts konzentrieren, ich konnte die notwendigsten Sachen nicht machen.« Alle Energie wird darauf verwandt, um mit der Situation fertig zu werden. Eine vorübergehende Depression ist auf die augenblickliche Hilflosigkeit zurückzuführen. Der depressive Verstimmungszustand wird auch körperlich erlebt. Der Trauernde fühlt sich buchstäblich »ausgelöscht, gebrochen, wie tot«. Die unbewusste Suche nach dem Partner hält an, denn es dreht sich das ganze Denken und Fühlen um den Verlust.

c) Die Phase der Desorganisation

Etwa nach der Beerdigung beginnt die Phase der aufbrechenden Emotionen. Diese Zeit ist gekennzeichnet von wechselnden Gefühlen wie Verletztheit, Selbstzweifel, Hilflosigkeit, Wut, Verlassenheit, Schuldgefühlen, Ängsten um die Existenz, Angst, nicht vom Toten loszukommen, weil das Leben ohne ihn sinnlos ist, und vor allem Angst vor dem Alleinsein. Viele Verwitwete erleben eine Reduzierung, eine »Halbierung ihres Lebens«, denn es fehlen die Lebensanteile des Partners. Diese enorme Lebensumstellung bewirkt bei den Betroffenen starke Stimmungsschwankungen.

In diesem neuen Abschnitt fühlen sich Trauernde auf magische Weise zu den Orten hingezogen, an denen sie mit dem Verstorbenen waren. Diese als übermächtig empfundenen Emotionen führen häufig zu einer Desorientierung im alltäglichen Leben. Seien Sie sich aber bewusst, dass Sie sich noch in einem schmerzhaften Trauerprozess befinden, in dem Trauerarbeit zu leisten ist, denn es ist unmöglich, den verstorbenen Partner einfach aus dem Gedächtnis zu streichen. Mit dem Tod des Partners ist nicht schlagartig jedes Gefühl erloschen. Und deshalb ist es wichtig, die Trauer zuzulassen. In dieser Phase sollten Sie achtsam und behutsam mit sich umgehen, so, wie Sie es mit einem Kranken tun würden.

Man braucht viel Zeit, um sich auf die veränderte Situation einzustellen und mit sich selbst wieder klarzukommen. Deshalb ist es bereits im Ansatz des Trauerweges wichtig, einen Menschen zu haben, der den Trauernden begleitet, oder Unterstützung in einer Gruppe Betroffener zu suchen.

d) Die Phase der Akzeptanz

In dieser Phase versucht der Trauernde den Verlust als Realität zu akzeptieren, d. h., zu erkennen, dass die gemeinsamen Jahre und Jahrzehnte unwiederbringlich vorüber sind. Das zu bewältigen braucht seine Zeit. Trauernde können jetzt ihre Gefühle – wie Schmerz, Wut, Schuld, Angst, Verlassensein – erkennen, benennen und akzeptieren. Das ist die Voraussetzung dafür, sich zu einem späteren Zeitraum von diesen Emotionen zu befreien.

Vielleicht muss es ein Ziel von Trauer sein, irgendwann dem Verstorbenen wirklich zu »gestatten«, dass er verstorben ist, und so einen Schlussstrich zu ziehen. Sie könnten zu sich sagen: »Mein Partner ist einen Weg gegangen, der sein Weg war, und auf diesem Weg hat er mich zurückgelassen. Auch wenn es mir schwerfällt: Ich gestatte ihm, gestorben zu sein, wie ich ihm erlaubt habe, sein Leben zu leben und nicht das Leben, das ich von ihm meinte, fordern zu müssen.« (Mehr dazu in Kapitel: »Akzeptanz und Neuorientierung«, S. 100)

e) Die Phase der Neuorientierung

Ebenso wie die Akzeptanz kann man die Neuorientierung als eine Traueraufgabe während der Trauerarbeit bezeichnen. In dieser Phase beginnt der Trauernde, das Leben wieder neu für sich zu entdecken.

Das fällt nicht immer leicht, denn Witwen fühlen sich durch den Verlust ihres Partners in ihren Empfindungen oft wie erstarrt, nehmen sich kaum wahr. Die Traueraufgaben sind ihnen nicht bewusst, sie fühlen sich wie Fremde in einem unbekannten Land.

Trauernde sollten versuchen, für neue Erfahrungen offen zu sein. Es kann auch helfen, auf sein bisheriges Leben zurückzublicken (Biografiearbeit[15]) und sich an das zu erinnern, was einem früher einmal Spaß gemacht hat.

Wenn sich Trauernde dieser Aufgabe der Neuorientierung bewusst werden, vollzieht sich ein Abschied von einem Leben, das nie wieder so sein wird, wie es zuvor war. Alte Erinnerungen werden neu geordnet. Es beginnt eine langsame Eingewöhnung in ein neues Leben.

Unsere Trauer dauert eine Lebenszeit, aber unsere Beziehung zu ihr verändert sich. Die Neuorientierung ist die Zeitspanne, in der der Knoten der Trauer aufgelöst wird. Es ist die Zeit der Erneuerung, nicht eine Rückkehr zu dem Leben, wie es vor dem Tod war.

Nach der Trauer ist man ein anderer Mensch, die Reise durch die Trauer bewirkt eine grundsätzliche Veränderung. Nach der Trauer kann man aber wieder damit beginnen, Lebensfreude zu empfinden, die Welt zu umarmen und sich wieder lebendig zu fühlen. Die Intensität der Emotionen hat etwas nachgelassen. Man kann sich an den Verlust erinnern, ohne vom Schmerz völlig eingenommen, von ihm überwältigt zu sein. Der Schmerz beginnt sich allmählich zu lösen und in dieser Periode der Neuorientierung wird die Energie, die in der Trauer steckte, wieder für das Leben verfügbar. Nun bewegen wir uns wieder vorwärts und wir vernachlässigen nicht diejenigen, die wir lieben. Wir verstehen, dass – sogar wenn jemand stirbt – die Beziehung andauert. Nur die Person ist nicht mehr außerhalb von uns lokalisierbar. Wir entwickeln die Erkenntnis, dass wir eine innere Beziehung zu dieser Person halten können, die es uns erlaubt, wieder in unser Leben zu investieren.

In der Phase der Neuorientierung beginnen Trauernde, die Welt mit anderen Augen zu sehen. Sie lassen sich von Musik, Literatur und Natur tief berühren.

Trauernde merken, dass sich ihre Bedürfnisse und Wünsche plötzlich verändern. Neue Kräfte entwickeln sich und viele verspüren wieder Lust, etwas Neues zu beginnen. Die Aufmerksamkeit verlagert sich irgendwann von der Trauer auf einen anderen Lebensaspekt. Der Verlustschmerz hat das vorbereitet und reif gemacht für Wesentliches (mehr dazu in Kapitel: »Aus der Trauer zurück ins Leben finden«, S. 100).

2.2.2. Über die heilende Kraft des Weinens

Zur Trauer gehören Tränen, sie machen uns frei für neues Handeln. Sich seiner Tränen nicht schämen zu müssen und verstanden zu werden, das hilft Trauernden in ihrer schweren Situation.

Weinen – Gefühle in Form von Tränen zu zeigen, ist heutzutage nicht »in«, sondern wird vielfach als Schwäche ausgelegt. »Coolsein« ist angesagt! Ich denke, Tränen sind ein Geschenk, weil sie uns helfen, ganz ohne Fassade zu sein, denn selten sind wir ja so echt und ehrlich wie in den Momenten, in denen uns die Tränen kommen.

Meine Erfahrung ist: Wer weinen kann, lebt intensiver, steht mitten im Leben, mitten im eigenen Schmerz – oder im eigenen Glück. Denn es gibt außer den Tränen der Trauer, des Mitleids, der Wut, der Enttäuschung und der Verzweiflung auch die Tränen der Ergriffenheit, der Rührung, des Lachens und des Übermuts.

Weinen gehört zu den intimsten Augenblicken in der Begegnung mit anderen Menschen und mit uns selbst. Wer bei einer Beerdigung oder Hochzeit Tränen der Trauer bzw. der Freude teilt, erlebt eine andere Intensität der Begegnung als beim bloßen Händeschütteln.

Weinen erleichtert und befreit. Wer Tränen zulässt, der hat die Chance, wieder Dinge zu sehen, für die wir in unserer kopfgesteuerten Zeit blind geworden sind.

Tränen sind für den Menschen wichtig. Wer nicht weint, wird schneller krank. Mit Tränen wird Stress abgebaut. Das Weinen hat darüber hinaus eine schmerzlindernde Wirkung – ähnlich wie Morphium. So scheinen sich durch Tränen Schmerzen, Leiden und körperliche wie auch seelische Anspannungen zu »verflüssigen«. Wer seine Tränen unterdrückt, verkrampft. Unterdrückte Tränen machen hart und lassen uns innerlich versteinern. Weinen räumt mitmenschliche Hürden aus dem Weg. Wer auch mal Tränen zeigt, wird bei anderen eher akzeptiert.

> »Das ist mir nur allzu bekannt, wenn einem die Tränen nur so in Bächen laufen und man sich selbst für diesen meist unerkennbaren Gefühlsausbruch hasst. Es gibt Tage, da sind es nur Kleinigkeiten, die einem schon das Wasser entrinnen lassen. Es hat immer etwas zu bedeuten, es berührt immer einen Punkt. Und raus muss es immer. Weinen tut gut. Es löst emotionale Knoten.«
> *Gisa (51)*

Was aber ist Weinen eigentlich? Ist es das Gegenteil von Lachen? Manche Menschen können weder herzhaft lachen noch herzerbarmend weinen. Ihre Gefühle sind so kontrolliert, dass keine extremen Emotionen zugelassen werden. Diejenigen aber, die bitterlich weinen können, zeigen in anderen Situationen auch ein herzerfrischendes Lachen. Ihre Gefühlsskala reicht von »himmelhoch jauchzend« bis »zu Tode betrübt«. Wer sich gestattet zu weinen, gestattet sich auch zu lachen. Wer dagegen meint, sein Weinen unterdrücken zu müssen, unterdrückt auch seine Freude, sieht sich außerstande, Freudentänze und Luftsprünge aus Freude und Begeisterung zu machen. Wer Sinn hat für Humor, hat auch Sinn für Schmerz. In gewisser Weise genießt er beides. Wer aber nur ein »wohltemperiertes Gefühlsleben« hat, wird weder richtig lachen noch richtig weinen können. Es ist eigentlich zu schade, diese menschlichen Gefühlsregungen zu drosseln. Deshalb sollten wir uns beides gestatten, zu lachen *und* zu weinen!
Der Kirchenlehrer Augustinus (354–430) wusste dazu Folgendes: »Im Strom der Tränen wird das Alte fortgeschwemmt, wie

einem reinigenden Bade entsteigt die Seele einem solchen Weinen.« Und Thomas von Aquin meinte: »Durch das Weinen fließt die Traurigkeit aus der Seele heraus.«

Tränen lindern manchen Schmerz. Tatsache ist, wenn Tränen fließen, haben wir meist Kummer oder sind sehr traurig. Es gibt in jedem Leben Tage, die zum Weinen sind. Da zerbricht nicht nur ein Erbstück, an dem das Herz hing, sondern auch eine Freundschaft, Partnerschaft oder Ehe. Da gibt es Enttäuschungen und Verletzungen und unersetzliche menschliche Verluste durch Tod.

Weinen hat in unserer Zeit kein gutes Image, weil es Schwäche assoziiert. Weil Tränen keine gesellschaftliche Anerkennung haben, muss man sie außerhalb der Gesellschaft heimlich weinen. Manche Menschen brauchen Tarnung zum Weinen.

Tränen sind nicht immer tabu, z.B. bei Beerdigungen. Für manche Zeitgenossen ist es sogar gut, dass es traurige Kino- oder Fernsehfilme gibt, traurige Bücher oder Musik. So kann man seine aufgestauten Tränen laufen lassen, ohne dass sich jemand peinlich berührt fühlen müsste. Traurige Filme lösen verstopfte Kanäle und tragen zur Seelenhygiene bei.

Tränen werden auch deshalb als gefährlich angesehen, weil andere Menschen uns dadurch unsere Betroffenheit ansehen können. Wir verraten anderen, dass in unserem tiefsten Inneren etwas passiert. Es ist schade, dass in unserer Gesellschaft Tränen als natürliche menschliche Reaktion und Ausdruck unseres Gefühlslebens wenig akzeptiert sind.

Was die meisten Menschen nicht wissen: Tränen können uns dabei helfen, Nähe zu einem anderen Menschen herzustellen. Sie können dem anderen signalisieren, dass seine Botschaft angekommen ist. Wir sollten uns nicht scheuen, zu unseren Gefühlen zu stehen, und wir sollten uns bewusst machen, dass wir das Recht haben, unsere Gefühle zu äußern – auch in Form von Tränen. Tränen drücken aus, was Worte nicht vermögen, sie schlichten Streit und räumen Ärger aus dem Weg und bahnen mancher Versöhnung einen Weg. Vor diesem Hintergrund ist Weinen keine peinliche »Gefühlsentgleisung«, für die man sich schämen müsste, sondern ein heilsames Mittel zur Seelenhygiene und Brücke von Mensch zu Mensch.

Menschen, die nicht weinen können, sind arm. Wir mögen diejenigen vergessen, mit denen wir gelacht haben, aber nie diejenigen, mit denen wir geweint haben, denn Tränen verbinden. Sie gemeinsam zu vergießen, kann helfen, miteinander Trost und Perspektive zu finden. Tränen reinigen die Augen und die Seele. Bei Kindern kann man beobachten, dass dort, wo noch die letzte Träne kullert oder an den Wangen haftet, sich oft schon im nächsten Augenblick das Gesicht aufhellt und der Blick besonders klar erscheint.

»… sammle meine Tränen in deinen Krug; ohne Zweifel, du zählst sie.«[16] Gott zählt meine Tränen, jede einzelne, und sammelt sie in seinem Krug. Keine geht verloren, keine einzelne Träne ist vergebens vergossen, denn Gott versteht die Sprache meiner Tränen, auch jenseits aller Worte.

Eine Legende[17] erzählt, dass Gott selbst geweint haben soll, als er Adam und Eva aus dem Paradies ins Leben jenseits von Eden entließ. Noch mit seiner tränenfeuchten Hand strich er beiden über die Augen und sagte: »Ich schenke euch Tränen für euer Leben, das euch Mühe machen wird, für den Kummer, für die Schmerzen, für Angst und Traurigkeit, für Freude und Glück. Ich schenke euch Tränen, damit ihr lebendig bleibt.«

Unsere Tränen sind Geschenke, die wir nicht hinunterschlucken, sondern zu ihrer Zeit fließen lassen sollten, damit wir lebendig und gesund bleiben an Leib und Seele.

2.2.3. Trost und Beistand

Trost ist ein Heilmittel für die leidende Seele, er berührt das Innerste des Menschen und hinterlässt eine stille, geheimnisvolle Kraft. Die Quellen des Trostes sind ganz unterschiedlich, so wie es auch individuell verschieden ist, was den Einzelnen zu trösten vermag. Wir können uns getröstet fühlen z. B. durch bestimmte Mitmenschen, durch den Glauben, durch die Musik oder die Natur.

a) Trost im Glauben

Religiöse Menschen, die fest verankert im Glauben sind, können offenbar besser mit Trauer und Schmerz umgehen, denn sie wissen: Wir haben unser Leben nicht unter Kontrolle und auch nicht das, was mit unseren Liebsten geschieht. Wir müssen darauf vertrauen, dass das Leben gelingt, dass uns Gutes geschieht und dass wir Schmerzliches ertragen können. Vermutlich kennen Sie alle das nachfolgende Trostlied, das Gottvertrauen und Zuversicht vermittelt:

> *Wer nur den lieben Gott lässt walten*
> *und hoffet auf ihn allezeit,*
> *den wird er wunderbar erhalten*
> *in aller Not und Traurigkeit.*
> *Wer Gott, dem Allerhöchsten, traut,*
> *der hat auf keinen Sand gebaut.*[18]

Dieses Lied stammt aus dem 17. Jahrhundert. Gedichtet und vertont wurde es von dem Poeten und Musiker Georg Neumark, der von 1621–1681 lebte. Das siebenstrophige Lied erzählt auf seine Weise von der Führung Gottes und dem Urvertrauen des Menschen. Es ist der Ausdruck eines unerschütterlichen Gottvertrauens. Neumark hat dem Lied die Überschrift »Trostlied« gegeben. Es enthält sowohl Dur- als auch Mollklänge und symbolisiert das menschliche Leben. Wir verbinden mit der Dur-Tonart Freude und mit der Moll-Tonart Traurigkeit. Es sind Elemente, die in jedes Leben gehören. Beide bilden zusammen ein Abbild unseres Lebensweges. Manchmal ist Gottes Führung spürbar, manchmal nicht. Aber auch dann, wenn wir Gottes Hand nicht spüren, hält er uns doch. Edith Stein hat einmal geschrieben: »Wohin uns Gott führt, wissen wir nicht, wohl aber, dass er uns führt.«

In dem Gedicht »Spuren im Sand« vergleicht die Autorin Margaret Fishback Powers ihr Leben mit einem Weg am Meer entlang. Es gab gute und unbeschwerte Tage, das wird ihr im Rückblick klar, aber auch Zeiten, in denen sie sich sehr einsam fühlte, von Menschen und von Gott verlassen. Dieses Gedicht ist ein Plädoyer für unerschütterliches Gottvertrauen:

Eines Nachts hatte ich einen Traum:
Ich ging am Meer entlang mit meinem Herrn.
Vor dem dunklen Nachthimmel erstrahlten,
Streiflichtern gleich, Bilder aus meinem Leben.
Und jedes Mal sah ich zwei Fußspuren im Sand,
meine und die meines Herrn.

Als das letzte Bild an meinen Augen
vorübergezogen war, blickte ich zurück.
Ich erschrak, als ich entdeckte,
dass an vielen Stellen meines Lebensweges
nur eine Spur zu sehen war.
Und gerade das waren die schwersten
Zeiten meines Lebens.

Besorgt fragte ich den Herrn:
»Herr, als ich anfing, dir nachzufolgen,
da hast du mir versprochen,
auf allen Wegen bei mir zu sein.
Aber jetzt entdecke ich,
dass in den schwersten Zeiten meines Lebens
nur eine Spur im Sand zu sehen ist.
Warum hast du mich alleingelassen,
als ich dich am meisten brauchte?«

Da antwortete er: »Mein liebes Kind,
ich liebe dich und werde dich nie alleinlassen,
erst recht nicht in Nöten und Schwierigkeiten.
Dort, wo du nur eine Spur gesehen hast,
da habe ich dich getragen.«[19]
Margaret Fishback Powers

Die »Spuren im Sand« sind ein Abbild für Erfahrungen, die wohl jeder Mensch kennt. »Wo du nur eine Spur gesehen hast, da habe ich dich getragen« – diese Zusage, mit der das Gedicht schließt, hat schon unzählige Menschen in aller Welt ermutigt und getröstet. Margaret Fishback Powers schrieb dieses zu Herzen gehende Gedicht, als sie in jungen Jahren auf der Suche nach einem Wegweiser für ihr Leben war.

Immer dann, wenn etwas Schlimmes passiert, spüren wir, dass wir unser Leben nicht wirklich kontrollieren können. Wir brauchen Gottvertrauen, jenes tiefe Bewusstsein dafür, letztlich in Gott geborgen zu sein. Besonders vertrauensvoll finde ich die dritte Strophe des Kirchenliedes »Wer nur den lieben Gott lässt walten«. Dort heißt es:

Sing, bet und geh auf Gottes Wegen,
verricht das Deine nur getreu
und trau des Himmels reichem Segen,
so wird er bei dir werden neu.
Denn welcher seine Zuversicht
auf Gott setzt, den verlässt er nicht.[18]

In unserer Zeit erhoffen sich viele Trauernde Trost vor allem durch andere Menschen, also »menschlichen Trost«. Das hat einmal eine Seminarteilnehmerin sehr deutlich ausgedrückt:

»Ich wünsche mir einen Menschen, der mir zuhört, wenn ich über meinen verstorbenen Mann und über meine Gefühle sprechen möchte, jemanden, der mir auf meinem individuellen Weg durch die Trauer mit tiefem Respekt begegnet und mir nicht ausweicht, wenn ich beginne zu weinen, und der keine Angst vor Gefühlen hat, der meine Fähigkeiten in Bezug auf die Bewältigung des Verlustes unterstützt und ermutigt.«
Anne (52)

b) Menschlicher Trost

Menschlicher Trost ist das Beileid, das einem Menschen von einem anderen meist in Worten, Gesten oder durch Berührungen geleistet wird und der damit das Leid und den seelischen Schmerz lindern möchte. Dabei ist beiden wohl bewusst, dass die Tröstung zwar nichts an der Situation ändert, jedoch dem Trauernden hilft, sich seelisch wieder aufzurichten. Trost darf nicht mit Ermutigung verwechselt werden. Wenn Trost auch Ermutigung sein soll, so bekommt der Trauernde den Eindruck, dass seine Trauer unberechtigt sei. Deshalb ist es wichtig, einen Trauernden zuerst zu trösten und anschließend zu ermutigen. Trostspendend sind beruhigende Worte, die Mitgefühl ausdrücken und Verständnis für die Situation des Trauernden zeigen. Dazu gehören auch Tränen und Mitleid, Streicheln und Umarmungen. Trost setzt tiefes Mitgefühl voraus.

Trösten heißt, da bleiben, aushalten, treu dem anderen beistehen, solange er es braucht. Trost kann nicht das Ende der Trauer und die Auflösung der Verzweiflung herbeiführen.

»Für mich ist Trost etwas Wunderschönes. Ich habe meinen Mann durch einen tragischen Verkehrsunfall verloren. Was ich im Büro immer als tröstlich und wohltuend empfunden habe, war, dass meine Kollegin mir im Vorbeigehen nur ihre Hand auf meine Schulter gelegt hat. Das war für mich eine wohltuende Erfahrung, die bis in die Fußspitzen ging.«
Lisa (49)

Viele Menschen – nicht nur die, die einen geliebten Menschen durch Tod verloren haben – sehnen sich danach, getröstet und aufgefangen zu werden. Im Trost finden Menschen Verständnis, Empathie, Schutz und Geborgenheit.

Trost zu spenden scheint immer noch eine Domäne der Frauen zu sein. Bekannt sind z. B. in Griechenland die »Klageweiber«. Man muss sich Zeit lassen, sich in das Denken und Fühlen eines anderen hineinversetzen können. Das ist ein emotionaler Prozess, der unterschiedlich lange dauert.

Dass Frauen bessere Trösterinnen sind als Männer, lässt sich vielleicht dadurch erklären, dass in der Regel Frauen ihre Gefühle stärker zum Ausdruck bringen als Männer. Darüber hinaus sind Männer oft zu ungeduldig, sich bereits Gesagtes in Variation anzuhören. Vielleicht aus Hilflosigkeit heraus, die sie sich aber nicht eingestehen dürfen, bieten sie häufig Lösungen an, die aber nicht gefragt sind. Trauer kann aber nicht gelöst, sondern muss »ausgehalten« werden.

»Vor einem halben Jahr habe ich nach langer Krankheit meine liebe Frau verloren. Oft fühle ich mich sehr einsam und komme nur schwer mit der Situation als Witwer zurecht. Ich habe per Kontaktanzeige bereits mehrfach Versuche unternommen, um eine neue Frau kennenzulernen. Wenn die Damen, die ich dann getroffen habe, erfahren, dass meine Frau erst ein halbes Jahr tot ist, reagieren fast alle gleich. Sie verweisen darauf, dass das alles noch viel zu früh sei und dass ich erst mal meine Trauerarbeit zu erledigen habe.«
Michael (57)

»Mein Freund hat vor kurzer Zeit seine Frau infolge eines tragischen Verkehrsunfalls verloren. Ich hätte ihn in seiner Trauer und seinem Verlustschmerz so gern getröstet, aber meine Unsicherheit, mit einem Menschen im Ausnahmezustand umzugehen, führte bei mir zu Vermeidungsverhalten. Ich meldete mich zwar in größeren Abständen telefonisch bei ihm, fragte ihn auch, ob er Lust hätte, an Wanderungen und Ausflügen teilzunehmen oder abends mal rauszugehen, um auf andere Gedanken zu kommen. Aber irgendwie war es mir auch recht, dass er immer dankend ablehnte, weil ich Angst davor hatte, dass er immerzu über seine verstorbene Frau redet und ich dann nicht weiß, wie ich mich verhalten soll. Außerdem wirken sich solche Gespräche in einer Gruppe, in der man gemeinsam Spaß haben möchte, als Stimmungskiller aus.«
Edgar (59)

Frauen erfahren nach dem Verlust des Partners häufig Trost von den eigenen Kindern oder auch über die spirituelle Ebene Trost aus dem Glauben.

»Mein Mann ist vor drei Jahren an Krebs verstorben. Damals ist für mich eine Welt zusammengebrochen. Ich war am Boden zerstört und wusste nicht, wie ich weiterleben sollte. Meine zwei Kinder haben mir damals sehr geholfen, von Angehörigen und Freunden habe ich mich völlig abgekapselt und ihre Anteilnahme negiert. Erst nach etwa einem Jahr habe ich wieder begonnen, mich für andere Dinge zu interessieren, und erst allmählich habe ich mich wieder in den Alltag zurechtgefunden. Sehr geholfen hat mir auch mein Glaube. Obwohl mein Mann nun schon mehr als drei Jahre tot ist, liebe und vermisse ich ihn immer noch und kann ihn nicht vergessen. Ob ich es noch schaffen werde, trotz des großen Verlustes irgendwann wieder unbefangene Lebensfreude zu empfinden? Ich weiß es nicht.«
Pia (55)

»Ich habe mich nach dem plötzlichen Verlust meines Mannes, der durch einen tragischen Unfall ums Leben kam, von nichts und niemandem trösten lassen. In einer Trauergruppe fand ich eine etwa gleichaltrige Dame, die noch viel schlimmere Verluste erlitten hatte und trotzdem so viel wohltuende Zuversicht ausstrahlte. Wenn ich mich mit ihr verabredete, habe ich mich verstanden und geborgen gefühlt. Ich musste mich nicht lange erklären. Sie hat mir mit ihrer Geduld das Gefühl gegeben, in meinem Schmerz liebevoll angenommen zu sein.«
Britta (57)

Ich selbst habe als Trauerbegleiterin die Erfahrung gemacht, dass der wichtigste Trost für Trauernde einfühlsames Zuhören ist, da zu sein, sich einzulassen auf ihre Geschichte mit immer wiederkehrenden Wiederholungen, nicht wegzuschauen, sondern das Leid des anderen aushalten zu können. Wer sich selbst ganz zurücknehmen kann, kann zum Zeugen einer heilsamen Erfahrung werden. In zahlreichen Begleitungen ist mir klar geworden, dass sich nicht nur etwas im Trauernden verändert, sondern sich auch in mir selbst etwas öffnet, denn im Trösten begegnet man sich selbst.

Ich denke, dass das Trostbedürfnis unter den Menschen groß ist. Es wächst im Laufe eines Lebens an. Wie viele Enttäuschungen hat jeder von uns schon erlitten? Trost beruhigt und hilft dem Menschen, sich wieder auf seine eigenen Kräfte zu besinnen, sich aufzurichten und neues Vertrauen aufzubauen. Der Getröstete macht die Erfahrung, dass er mit dem eigenen Schmerz nicht allein ist. Aus dem Buchtitel »Trauer ist der halbe Trost« von Margarete Mitscherlich[20] geht schon hervor, dass Trost nur über die Trauer zu erreichen ist. Und dafür braucht man Begleiter, die das wissen und nicht die Trauer wegnehmen wollen.

Ähnlich ist der Spruch aus dem Evangelium zu verstehen: »Selig sind, die da Leid tragen, denn sie sollen getröstet werden«[21]. Nur wer Leid erfahren hat, kann wirklich getröstet werden.

Im Gegensatz zu dem Trost, den man aus dem Glauben schöpfen kann, ist der menschliche Trost naturgemäß manchmal Unzulänglichkeiten unterworfen. Was Trauernde überhaupt nicht ertragen können, ist »falscher Trost«, erkennbar an Floskeln wie:

- *»Es ist doch so das Beste gewesen, im Grunde war es doch eine Erlösung!«*
- *»Denk doch mal, wie es dem und jenen ergangen ist!«*
- *»Ich kann mir gut vorstellen, wie dir zumute ist.«*
- *»Stell dich nicht so an!«*

Befremdlich wirkt es auf Trauernde, wenn andere äußern, sich vorstellen zu können, wie es dem Trauernden gehe und wie es in ihm aussehe. Einem Menschen, der trauert, sollte man auch nicht unbedingt die eigenen Erfahrungen überstülpen, etwa die mit dem Tod der eigenen Mutter. Das wertet das Leid des anderen ab und bedeutet für viele Trauernde, dass die Trauer nicht anerkannt wird.

Wenig hilfreich sind auch Ermahnungen, sich nicht »gehen zu lassen«. Derartige Ermahnungen signalisieren dem Trauernden, dass er in seiner Trauer lästig ist. Auch Floskeln wie »Die Zeit heilt alle Wunden, es wird schon wieder«, können Trauernde nur als furchtbar unsensibel empfinden, wie das folgende Beispiel zeigt:

»Ich habe meinen Mann, der aus heiterem Himmel einen tödlichen Schlaganfall erlitt, noch lange Zeit sehr vermisst und richtig nach ihm gejammert. Mein Umfeld zeigte dafür kaum Verständnis. Ich solle doch nicht so tun, als ob nur ich einen Verlust erlitten hätte. Einfühlendes Verstehen fand ich nur bei denjenigen, die auch schon einen Partner oder eine Partnerin verloren hatten. Wer, wie ich, seinen Mann verloren hat, der sollte bitte schön schnell zur Tagesordnung zurückkehren, denn Trauernde sind aus Sicht der anderen ein störender Trauerkloß. Trauer ist vielen einfach lästig, sie stört ihr gutes Lebensgefühl. ›Du musst nach vorn schauen‹, wurde mir verordnet. Trauer ist aber ein Prozess, der Zeit braucht. Ich glaube, dass es die Leute wahnsinnig macht, wenn man nichts machen, reparieren oder beschleunigen kann. Man kann nicht sagen: ›Mach das und das, dann wirst du dich besser fühlen.‹ Es bleibt nur eins: einfach auszuhalten. Und das können die wenigsten, weil wir uns angewöhnt haben, dass es für alles eine Lösung gibt. Aber auszuhalten, dass man dem Trauernden nicht in seiner Trauer helfen kann, sondern nur begleitend dabei sein kann, das ist für viele schwer. Das Schlimmste, auch für den Trauernden, ist, dass er stillhalten muss. Die Trauer kann man nur über sich ergehen lassen, man kann sie nicht dazu bringen wegzugehen. Man muss stillhalten. Im übertragenen Sinn muss man als Trauernder auch sterben, weil das Leben, wie man es gelebt hat, eben so nicht weitergeht. Das muss man akzeptieren, damit man dann wieder ein neues Leben anfangen kann, ein Leben ohne den anderen.«
Hilde (57)

Trauer über den Tod eines geliebten Menschen oder über das Scheitern einer Partnerschaft, all das verlangt nach Trost. Doch wie können wir unser Trostbedürfnis anderen signalisieren, ohne sie zu verunsichern?

Angehörige und Freunde von Trauernden sind häufig verunsichert, weil sie glauben, dass ihnen die richtigen Worte fehlen, oder weil sie nicht wissen, ob sie in Kontakt zu einem Trauernden treten sollen. Dann vermeiden sie den Kontakt und die Kommunikation und tragen dadurch ungewollt zur Isolierung des Trauernden bei.

»Zurzeit geht es in meinem Leben noch etwas chaotisch zu, an manchen Tagen klappt alles, an anderen Tagen gar nichts. Aber ich denke, dass ich das alles wieder in den Griff bekomme – irgendwann. Ich habe in meiner Trauer um meinen Mann die Erfahrung gemacht, dass viele Menschen mit meiner jetzigen Situation nicht umgehen können. Nachbarn, mit denen wir sonst oft und gerne geredet und sogar gefeiert haben, grüßen zwar freundlich vom Auto aus, gehen mir aber ansonsten aus dem Weg. Ich habe schon versucht, ein Gespräch anzufangen, aber auch das scheint mir nicht erwünscht.«
Elke (59)

»Trost zu spenden ist eine der schwersten Aufgaben. Die Menschen haben so sehr Angst, die falschen Worte zu benutzen, so bleiben sie stumm. So bleibt nur der Weg, den Trost in uns selbst zu finden, in den Erinnerungen, in einem Zwiegespräch mit unseren Lieben. Irgendwann Dinge betrachten zu können, die ein warmes Gefühl im Herzen geben, wieder ein Lächeln auf das Gesicht zaubern, dankbar zu sein, dass wir die Möglichkeit hatten, mit ihnen ein Stück unseres Lebens verbracht zu haben. Ich habe gelernt, dass es gut ist, offen gegenüber den Menschen zu sein, die versuchen zu trösten. Ich habe gelernt, meine Bedürfnisse klar zu formulieren, was anderen auch Hilfe ist. Ich sage sowohl, wenn ich lieber alleine sein möchte, als auch, wenn ich das Bedürfnis zum Reden habe.«
Gaby (61)

Wenn man seinen geliebten Partner verliert, scheint kein Wort des Trostes die Trauer und den Schmerz lindern zu können. Während draußen das Leben einfach normal weiterläuft, erscheint im eigenen Leben alles sinn- und hoffnungslos. Man glaubt, nie mehr im Leben Lebensfreude und Gefühle von Geborgenheit und Sicherheit verspüren zu können. Von Angehörigen und Freunden fühlt man sich unverstanden und alleingelassen. Eigentlich ist es nicht viel, was man tun muss, um Trost zu spenden:

Dem anderen offen gegenübertreten, aufmerksam sein, zuhören und ehrlich sein. In der Regel sind spontane Reaktionen richtig, denn sie kommen von innen. Je nachdem, wie das Verhältnis zum Trauernden ist, hilft es ihm, in den Arm genommen zu werden und – dass andere keine Angst vor den Tränen haben.

Besonders in der Kommunikation mit Trauernden sind Aufgeschlossenheit und Wahrhaftigkeit wichtig, um einen Zugang zueinander zu finden und eine Vertrauensbasis herzustellen. Es gilt, dass wir einem Trauernden nichts sagen dürfen, was wir selbst nicht glauben, und nichts, was wir irgendwann zurücknehmen müssten. Im Übrigen hat der Trauernde auch ein besonders sensibles Gespür für die Ehrlichkeit seiner Mitmenschen. Er achtet nicht nur auf die Worte, sondern auch auf den Tonfall, die Mimik und Gestik und vor allem auf die Augen. Der Eindruck, den die Körpersprache vermittelt, ist oft sehr mächtig und Worte haben es schwer, ihn zu dementieren. Körpersprache lügt nie! Denn die nonverbalen Signale sind meist unmittelbarer, unkontrollierter, unzensierter und mit unseren tatsächlichen Empfindungen verbunden. Sie sind meist ehrlicher, direkter, unverfälschter und vor allem dann verräterisch, wenn sie den sprachlichen Informationen widersprechen. Wer beispielsweise Zuversicht verbreiten möchte und dabei den Blickkontakt vermeidet, wirkt nicht zuverlässig und ehrlich.

c) Beistand

Als verletzend empfinden es die meisten Trauernden, wenn sich Freunde und Bekannte nach dem Tod eines Angehörigen nicht mehr melden. Niemand erwartet, dass andere ihn von seiner Trauer befreien, nur, dass sie ihn in seinem Leid nicht ignorieren. Aber häufig ist Unsicherheit die Ursache für dieses Verhalten.

Ein Beispiel: Als Ingrids Mann mit 56 Jahren an Krebs stirbt, ist ihre Freundin Karola erfüllt von Trauer und Mitleid, aber auch von Angst. Wie soll sie Ingrid begegnen? Wie soll sie sich verhalten? Wie vermeidet sie es, etwas Falsches zu sagen? Geht sie Ingrid auf die Nerven, wenn sie vorbeischaut? Lässt sie sie allein, wenn sie nicht vorbeischaut? Klingen Beileidsbekundungen nicht immer wie leere Floskeln? Wie kann sie ihr helfen in der schweren Zeit?

Das Wichtigste, das man für einen Menschen im Trauerprozess tun kann, ist, da zu sein, Nähe zu zeigen, ab und zu anzuklopfen, immer wieder kleine Einladungen auszusprechen.[22]

Das Angebot »Du kannst mich jederzeit anrufen« dagegen nützt gar nichts. Dieser Satz macht den Trauernden zum Bittsteller – in einer Situation, in dem es ihm ohnehin unmöglich ist, auf andere Menschen zuzugehen. Viel besser ist die konkrete Ankündigung: »Ich ruf dich morgen wieder an!« oder »Ich komme Mittwoch wieder vorbei.« Der Trauernde kann nicht anrufen, wenn er etwas braucht. Man muss immer wieder selbst anrufen und auch hinnehmen, dass der Trauernde sagt: »Ich kann jetzt nicht telefonieren«, und dann trotzdem wieder anrufen. Es kann auch helfen, konkrete Unterstützung anzubieten: »Kann ich dir etwas aus der Stadt mitbringen? Ich bringe dir etwas von unserem Essen vorbei. Sollen wir gemeinsam den Grabstein aussuchen?«

Wie viel Geduld Trauernde brauchen, zeigt auch das nächste Beispiel:

»Meine liebe Nachbarin Leni hat mich durch die schlimmste Phase meiner Trauerzeit begleitet und mich aus meinem Schneckenhaus herausgeholt. Oft war ich gar nicht ansprechbar und

wollte mit niemandem reden. Leni merkte, dass ich menschliche Nähe und Zuwendung brauchte. Sie hat nie nachgelassen, sich um mich zu bemühen, obwohl ich sie anfangs gar nicht ins Haus ließ und schon an der Haustüre abfertigte. Ihre Frage ›Willst du mich denn nun gar nicht mehr reinlassen?‹, öffnete eines Tages die Tür für vorsichtige Gespräche. Über gemeinsame, schöne Erinnerungen konnten wir langsam und vorsichtig auch einmal über die Trauer oder Einsamkeit sprechen.«
Reinhild (54)

Da zu sein, präsent zu sein, ist die wichtigste Aufgabe in der Trauerbegleitung. Dabei spielt es keine Rolle, wenn einem die vermeintlich richtigen Worte fehlen.

Ängste vor der Begegnung mit Trauernden sind unbegründet: Wer sich nicht grob unsensibel verhält und dem Trauernden nicht aus dem Weg geht, kann eigentlich nichts falsch machen. Trauernde sind hochsensibel und spüren es, wenn Menschen ihnen ausweichen und eine Begegnung vermeiden, denn sie nehmen ihre Umwelt intensiver wahr. Oft stellen Trauernde bei sich selbst eine Verschärfung der Sinne fest. Viel besser, als den Trauernden zu meiden, ist es, die eigene Hilflosigkeit einzugestehen: »Ich weiß gar nicht, was ich sagen soll.« Alles ist besser, als wegzuschauen.

Sind mehrere Monate seit dem Tod eines Menschen verstrichen, ist die Umwelt oft erleichtert, endlich wieder zur Tagesordnung übergehen zu können. Manche fürchten auch, den Trauernden an den Verlust zu erinnern, wenn er gerade nicht daran denkt oder sogar »darüber hinweg« zu sein scheint. Dagegen ist es für den Trauernden hilfreich, ihn immer wieder dezent auf die Trauersituation hinzuweisen und genau hinzuhören, wie er reagiert. Man kann ganz einfach fragen: »Wie geht es dir eigentlich damit?« Viele Trauernde haben sonst das schreckliche Gefühl, dass der Tote auch noch totgeschwiegen wird.

Wir Christen sind durch unseren Glauben von Hoffnung erfüllt. Allerdings erfordert es Zeit und Übung, wenn uns der Glaube in der Trauer Halt geben soll.

Ein ergreifendes Vorbild für einen »Blutzeugen des Glaubens« ist Dietrich Bonhoeffer. Er wurde als Widerstandskämpfer nach dem Attentat vom 20. Juli 1944 auf Adolf Hitler inhaftiert und am 9. April 1945 durch den Strang hingerichtet. Sein Henker soll vor seiner Hinrichtung zu ihm gesagt haben: »Das ist das Ende!« Bonhoeffer soll ihm darauf geantwortet haben: »Nein, für mich ist es der Beginn des Lebens.«

Dietrich Bonhoeffer hat uns wunderbare Worte des Trostes hinterlassen, die er kurz vor seiner Hinrichtung im KZ schrieb:

Von guten Mächten wunderbar geborgen
erwarten wir getrost, was kommen mag.
Gott ist bei uns am Abend und am Morgen,
und ganz gewiss an jedem neuen Tag.

Von guten Mächten treu und still umgeben
behütet und getröstet wunderbar,
so will ich diese Tage mit euch leben
und mit euch gehen in ein neues Jahr;

noch will das alte unsre Herzen quälen,
noch drückt uns böser Tage schwere Last.
Ach Herr, gib unsern aufgeschreckten Seelen
das Heil, für das Du uns geschaffen hast.

Und reichst Du uns den schweren Kelch, den bittern,
des Leids, gefüllt bis an den höchsten Rand,
so nehmen wir ihn dankbar ohne Zittern
aus Deiner guten und geliebten Hand.

Doch willst Du uns noch einmal Freude schenken
an dieser Welt und ihrer Sonne Glanz,
dann woll'n wir des Vergangenen gedenken,
und dann gehört Dir unser Leben ganz.

Lass warm und hell die Kerzen heute flammen,
die Du in unsre Dunkelheit gebracht,
führ, wenn es sein kann, wieder uns zusammen!
Wir wissen es, Dein Licht scheint in der Nacht.

Wenn sich die Stille nun tief um uns breitet,
so lass uns hören jenen vollen Klang
der Welt, die unsichtbar sich um uns weitet,
all Deiner Kinder hohen Lobgesang.[23]

Besonders berührend ist, dass Dietrich Bonhoeffer sein Trostlied in größter Not geschrieben hat. Mitten in der größten Dunkelheit seines Lebens konnte er von »den guten Mächten« schreiben, durch die er sich geborgen fühlte. Er gehörte der Bekennenden Kirche an und war sich sicher, dass er selbst niemals aus den Händen Gottes herausfallen würde.

Seine Briefe und Texte aus der Zeit der Haft (1943–1945) sind nach dem Krieg unter der Überschrift »Widerstand und Ergebung« veröffentlicht worden. Sein 1944 in der Haft geschriebenes Gedicht »Von guten Mächten wunderbar geborgen« ist fester Bestandteil des Evangelischen Gesangbuchs (alle Strophen im Evangelischen Gesangbuch Nr. 65). Und auch das ist von Bonhoeffer überliefert:

Je schöner und voller die Erinnerung,
desto schwerer ist die Trennung.
Aber die Dankbarkeit
verwandelt die Qual der Erinnerung
in eine stille Freude.
Man trägt das vergangene Schöne
nicht wie einen Stachel,
sondern wie ein kostbares Geschenk in sich.[24]

2.2.4. Trauergesprächskreise und Trauerseminare

Nicht immer findet man in seinem persönlichen Umfeld Menschen, die einem in seiner Trauer Trost spenden können. Wenn man dann das Gefühl hat, allein mit seiner Verzweiflung nicht mehr fertig zu werden, sollte man institutionelle Hilfsangebote prüfen. Unterstützung kann man in Selbsthilfegruppen, Trauergesprächskreisen und Trauerseminaren erhalten.

In diesen Gruppen geht es nicht darum, den Einzelnen von seiner Trauer zu befreien, sondern ihn dabei zu unterstützen, den erlebten Verlust sowie die damit verbundene Trauer als einen Bestandteil seines Lebens anzunehmen.

a) Selbsthilfegruppen

In Selbsthilfegruppen treffen sich Menschen, die alle vom Tod eines nahen Angehörigen betroffen sind. Auch hier geht es um Reden, Zuhören und Verstanden-Werden, nicht aber um tief gehende Trauerarbeit. Den Verlust mit anderen zu teilen, die Ähnliches erlebt haben, ist wichtig und sehr hilfreich. Gleichbetroffene geben keine gut gemeinten Ratschläge wie:»Du musst nach vorne schauen!« Sie hören zu, sie fühlen mit und erzählen, wie sie selbst mit der Trauer, dem Verlust umgehen. Und selbst wenn man zum fünften Mal die gleichen Probleme äußert, ist das in Ordnung, den anderen geht es genauso. Was nicht betroffene gute Freunde vielleicht nicht verstehen können, in einer Selbsthilfegruppe wird es meistens verstanden. Selbsthilfegruppen bieten auch die Möglichkeit, neue Kontakte zu knüpfen. Dies ist besonders dann hilfreich, wenn man durch den Verlust seines Partners sogar seinen Freundeskreis verloren hat.

b) Trauergesprächskreise

Im Gegensatz zu Selbsthilfegruppen, die sich spontan bilden und bei denen die Teilnehmer sich ohne Gesprächsleitung austauschen, werden die Gesprächskreise öffentlich angeboten und durch einen Moderator geführt.

83

In *offenen Gesprächskreisen* erfahren Betroffene, dass ihnen zugehört wird und sie über das sprechen können, was sie erlebt haben. Danach fühlen sie sich oft sehr erleichtert und verstanden. Es gibt Trauernde, denen das reicht.

In *themenorientierten Gesprächskreisen* werden bestimmte Themen behandelt, über die sich Interessierte anhand eines Themenkataloges informieren können.

In *geschlossenen Gesprächskreisen*, die von privaten Trauerbegleitern, von den Kirchen, häufig auch von Bestattern angeboten werden, können Teilnehmer über einen längeren Zeitraum in Gruppen ihre Trauer aufarbeiten. In regelmäßigen Abständen, meist alle zwei Wochen, trifft sich die Gruppe, die für gewöhnlich aus vier bis acht Teilnehmern besteht, zum Erfahrungsaustausch. In »geschützter Atmosphäre« und in gewohnter Umgebung trifft man sich, um sich über Erfahrungen mit der Trauer auszutauschen, wenn man es möchte. Sich im Kreise von ebenfalls betroffenen Menschen auszutauschen, kann hilfreich sein. Mit gegenseitiger Unterstützung und unter fachkundiger Leitung kann man gemeinsam Trost und neue Entwicklungsmöglichkeiten finden. Geleitet werden solche Gesprächskreise sehr behutsam und verständnisvoll von Trauerbegleitern. Jeder kann daran teilnehmen, und zwar meistens kostenlos.

Informationen über regionale Angebote für geschlossene Trauergesprächskreise finden Sie über die Programme von Volkshochschulen, evangelischer und katholischer Erwachsenenbildung oder per Internet. Oft bietet aber auch die örtliche Hospizbewegung Trauergesprächskreise an.

An dieser Stelle möchte ich Menschen zu Wort kommen lassen, die mit Trauergesprächskreisen Erfahrungen gesammelt haben:

»Es war im Dezember 2004, als mein Mann im Alter von 63 Jahren plötzlich durch einen Unfall aus dem Leben gerissen wurde. Es war unfassbar. Wie ein Rädchen in einem System habe ich funktioniert, bis zum Zusammenbruch. In einer Klinik in meiner

Nähe gab es ein Angebot zur Trauerarbeit; Einzel- und Gruppengespräche, durch die ich den Weg zurück ins Leben fand. Ich lernte, die Trauer zuzulassen, und hatte das große Glück, verständnisvolle und einfühlsame Freunde gefunden zu haben, die mir sehr geholfen haben und jederzeit für mich da waren. Sie haben mir geholfen durch liebe Worte und dadurch, in meiner Verletzlichkeit und Schwäche in den Arm genommen zu werden. Jetzt, nachdem ich meine Trauer weitestgehend verarbeitet habe, tut der Verlust immer noch weh, aber ich habe gelernt, den Verlust in Dankbarkeit umzuwandeln für das, was ich mit ihm und an ihm hatte.«

Eva (59)

»Ich habe gute Erfahrungen gemacht mit einer ökumenischen Trauergesprächsgruppe, in der alle, deren Seele noch weint, unter Anleitung geschulter Berater über ihre Trauer sprechen können.

Ich habe tiefen Schmerz erlitten, als ich meinen Mann viel zu früh verlor. Plötzlich war er nicht mehr da, der Mensch, dem ich so viel verdanke, weil er sein Leben mit mir geteilt hat und ich mit ihm Seite an Seite gehen durfte. Mir rutschte der Boden unter den Füßen weg, die Freude am normalen Leben schien erloschen. Alles war übersät von Trauer, Schmerz und dem Ruf nach seinem Leben.

Nachdem der erste Schock vorbei war, fiel ich für Wochen und Monate in eine Art Vakuum. Ich musste den Alltag überstehen und die Bürokratie bewältigen, die mit dem Tod eines Menschen einhergeht. Ich wusste, dass ich nichts verdrängen konnte und Hilfe benötigte. So schloss ich mich einige Monate nach dem Tod meines Mannes einem Trauergesprächskreis der Ökumenischen Hospizgruppe an.

Schon nach dem ersten Treffen fühlte ich mich in dieser Gruppe aufgehoben und geborgen. Wir gaben uns gegenseitig Hilfe. Da ich mit meiner Trauer nun nicht mehr alleine war, hatte ich das Gefühl, Kraft zu schöpfen und den Alltag etwas besser verkraften zu können. Eine reichere Erfahrung konnte ich zu dieser Zeit nicht machen.«

Heike (59)

Wie die Beispiele zeigen, können Trauergesprächskreise unterstützen und helfen. Hier genießen Trauernde einen gewissen Schutz vor der Öffentlichkeit und erfahren, dass sie ihren eigenen Weg der Trauer gehen dürfen. Andere haben vielleicht Ähnliches erlebt. Hier kann man sich austauschen. Obwohl jeder seine eigene Trauer bewältigen muss, gehen die Menschen ein Stück des Trauerwegs gemeinsam.

Fast jede Stadt hat inzwischen Trauergesprächskreise, in denen Trauernde Trost und Beistand, vor allem aber Verständnis fühlen können. Im Gespräch mit anderen, die ebenfalls unter dem Verlust eines lieben Menschen leiden, erfahren Betroffene, dass sie nicht allein mit ihrem Leid sind. Langsam finden sie dort eine neue Perspektive für ihren Alltag. Das dauert, denn Trauerbegleiter wissen: Trauernde müssen nach dem Verlust eines geliebten Menschen alles einmal allein mitgemacht haben: den Geburtstag des Verstorbenen, Familienfeste, den Hochzeitstag, Weihnachten.

Bei einer guten Trauerbegleitung steht der einzelne Mensch im Mittelpunkt. Das, was dieser sagt, denkt und fühlt, ist für ihn richtig und wird akzeptiert. Jeder Betroffene wird so auf seinem Trauerweg begleitet. Das Ziel ist es, mit ihm zu entdecken, was wieder Lebensfreude und Halt gibt. Denn hinter jeder Krise steckt mindestens eine Chance. Dadurch bekommen Betroffene die Kraft, trotz des Verlustes wieder leben zu wollen.

c) Trauerseminare

Trauerseminare finden meist an Wochenenden mit Übernachtung statt. Sie sind kostenpflichtig. Die Gruppe besteht aus höchstens zwölf Teilnehmern und wird von ausgebildeten Trauer- oder Gestalttherapeuten geleitet.

In Gesprächen, mit Wahrnehmungsübungen und kreativem Tun können die Teilnehmer ihre Trauer noch einmal durchleben, damit verschüttete Lebenskräfte wieder frei werden können. Meditative Übungen und Abschiedsrituale helfen, die Trauer verstehen zu lernen und einen neuen Zugang zu sich selbst und einen besseren Umgang mit seinen Gefühlen zu finden. Der Abstand von dem gewohnten Zuhause, das gemeinsame Essen und die Übernachtung in einer »neutralen« Umgebung wirken unterstützend bei der Suche nach neuen Formen der Trauerverarbeitung. Wochenendseminare wirken sehr viel intensiver als z.B. ein Abendseminar und bieten die Möglichkeit, Abschied zu nehmen von dem, was das Leben mit Schmerz erfüllt und was nicht mehr der Realität entspricht.

Bedingung für die Teilnahme an einem Trauerseminar ist, dass seit der Verlusterfahrung mindestens sechs Monate vergangen sind.

Wie hilfreich Trauerseminare sein können, konnten Sie schon am Beispiel von Marita im Kapitel »Der Ausnahmezustand der Seele nach Partnerverlust« (S. 46) lesen. Auch das folgende Beispiel zeigt, wie hilfreich Trauerseminare sein können:

»Im Internet fand ich ein interessantes Seminar: ›Lichtblick – Ein Seminar für trauernde Erwachsene‹. Bei der Teilnahme an einem solchen Seminar ist mir bewusst geworden, wie lebensnotwendig Raum zum Trauern ist. Darüber hinaus habe ich erfahren, wie gut es tut, so sein zu dürfen, wie man in Trauer eben ist. Ich habe viele unterschiedliche Schicksale kennengelernt und wahrgenommen, dass ich mit meinen Gefühlen nicht alleine dastehe und dass es »normal« ist, so anders zu sein. Ich habe gelernt, die Trauer, die Wut, die Verzweiflung anzunehmen. Behutsam und abgestimmt auf die Bedürfnisse und Wünsche der Teilnehmer und Teilnehmerinnen unterstützten Meditations- und Entspannungsübungen dabei, den eigenen Trauerweg zu betrachten. Ich habe gelernt, wie wichtig es ist, dabei nicht stehen zu bleiben, sondern den Blick wieder nach vorne zu richten. Genauso wichtig ist es, auch einmal innezuhalten und im Moment zu verweilen. Gemeinsam fanden wir in der Gruppe Wege und Möglichkeiten, um mit dem Verlust leben zu können und wieder einen neuen Sinn im Leben zu finden. Mir hat das Wochenendseminar sehr dabei geholfen, wieder Licht am Ende des Tunnels zu sehen.«
Ruth (49)

(Literatur und Adressen zu Selbsthilfegruppen, Trauergesprächskreisen und Trauerseminaren vgl. S. 144 f.)

2.2.5. Über die heilsame Wirkung des Schreibens

Manche Menschen schreiben ein Buch, um ihre Trauer auszudrücken und zu verarbeiten. Auch das Schreiben eines Tagebuches, dem man seine Gefühle anvertraut, kann einen therapeutischen Effekt haben und darüber hinaus im Nachhinein nachweisen, welchen Trauerweg man bereits gegangen ist und was sich inzwischen verändert hat.

Die Amerikanerin Joan Didion schrieb ein bewegendes Buch: *»The Year of Magical Thinking«*, das unter dem Titel »Das Jahr magischen Denkens« auf Deutsch erschienen ist[25]:

Joan und ihr Mann John waren seit vierzig Jahren ein Ehepaar. Eines Abends war plötzlich Stille. John war an einem Herzinfarkt gestorben. Unter dem Schock des unerwarteten Todes ihres Mannes schien ihr das Leben zu entgleiten. Nichts stimmte mehr. Glück, Trauer, Angst, Sicherheit, Einsamkeit, Krankheit, Ehe – alles verwob sich zu einem Teppich aus diffusen Gefühlen.

Sie gab die Schuhe ihres Mannes nicht in die Kleidersammlung, weil er ja jeden Moment zurückkommen und sie brauchen würde. Sie las Türme medizinischer Fachliteratur, Thomas Mann und T. S. Eliot. Sie suchte Antworten und fand keine.

Aber dann, neun Monate nach Johns Tod, als sie sich allmählich aus dem Zustand »magischen Denkens« gelöst hatte, setzte sie sich hin und begann zu schreiben, 88 Tage lang. Und indem sie schrieb, gewann die Welt um sie herum wieder an Konturen. Sie schrieb, um sich zu heilen. »Ich musste schreiben, ich kann nicht sitzen und denken, ohne das hinzuschreiben. Ich habe gelernt, dass ich nicht alles kontrollieren kann. Ich musste akzeptieren, dass es Dinge gibt, die nicht zu reparieren sind.«

»Das Jahr magischen Denkens« wurde in den USA ein Bestseller, und Joan Didion war vor allem überrascht, wie viele junge Leute sich meldeten und bedankten. Sie sehen darin einen Ratgeber, aber nicht nur über den Umgang mit Trauer, sondern auch über die Liebe, denn dies ist auch ein Buch über eine Ehe, die vierzig Jahre hielt.

Ken Wilber verarbeitete das Schicksal der tödlichen Krankheit seiner jungen Frau Treya in dem Buch »Mut und Gnade«[26], das anderen Menschen Kraft, Trost und Mut schenkt auf ihrem Weg durch die Trauer. Auch hier zeigt sich wieder, dass Schreiben Trauerarbeit sein kann.

Sehr bewegend erzählt dieses Buch die Geschichte von zwei besonderen Menschen: Bereits eine Woche nach der Hochzeit erfährt Treya, dass sie an Brustkrebs erkrankt ist. Diese Hiobsbotschaft ist der Anfang einer fünfjährigen gemeinsamen Wegstrecke im vereinten Kampf gegen diese Krankheit. Die Geschichte dieser beiden Menschen, die erst am Anfang eines gemeinsamen Lebensweges waren, bietet anderen Menschen in Trauer Halt und Hilfe in Momenten der Dunkelheit, in denen ihr Glaube ins Wanken gerät. Treyas letzte Tagebucheintragung lautet: *»Es braucht Gnade, ja – und Mut! Ich gehe jetzt, ich bin so glücklich.«*

Auch Farah Diba, die letzte Kaiserin Persiens, veröffentlichte 2004 ihre Memoiren[27] und verarbeitete damit ihre Schicksalsschläge und Verluste. Die Islamische Revolution zwang die Kaiserfamilie im Januar 1979 ins Exil. Es folgte eine Odyssee quer über den Globus. Es gab Morddrohungen aus Teheran und immer wieder Schicksalsschläge: 1980 starb der Schah nach langer Krankheit in Ägypten, 2002 nahm sich ihre Tochter Leyla das Leben. Farah Diba litt unter Depressionen. Das Schreiben ihrer Autobiografie war für sie eine Therapie. Farah Diba hat gelernt, mit den Schicksalsschlägen zu leben, und sie hat als Unesco-Botschafterin für »Kinder in Not« eine wichtige Aufgabe übernommen.

Die Kölner Poesie- und Bibliotherapeutin Marianne Riefert-Miethke[28] leitet Schreibwerkstätten im Rheinland und ermutigt ihre Teilnehmer, sich alles von der Seele zu schreiben. Sie bestärkt die Teilnehmer darin, ihre Kreativität zu entdecken und ihre Anliegen zum Ausdruck zu bringen. Gefühle und Gedanken niederzuschreiben hilft, sich von Leid und Problemen zu distanzieren. Oft sind die Worte ein Schlüssel zu sich selbst und geben neuen Mut.

Riefert-Miethke möchte die Menschen auch zum Träumen anregen. »Wer den Mut hat zu träumen, hat auch die Kraft zu kämpfen«, zitiert sie den südamerikanischen Schriftsteller Gabriel García Márquez.

Jede Kurseinheit beginnt mit einer Entspannungsübung: Es gilt, den Alltag abzulegen, sich dem bildhaften Denken zuzuwenden und auf seine innere Stimme (Intuition) zu hören. Die weitere Zeit ist ausgefüllt mit der gemeinsamen Lektüre ausgewählter Texte, Schreibübungen und der Besprechung der Texte. Zur Unterstützung setzt die Therapeutin mit Musik, Kunst und Gegenständen anregende Impulse. Die Teilnehmer sind vorwiegend Menschen ab vierzig, die in einer Krise stecken oder jemanden verloren haben. Alle suchen ihren Weg aus einer schwierigen Situation und wünschen sich den Austausch mit Gleichgesinnten.

Riefert-Miethke gewinnt aus ihrer Arbeit viel. Sie registriert, wie sich Menschen über das Lesen und Schreiben verändern. Sie öffnen sich in ihren Worten, in Mimik und Körperhaltung. Viele entdecken auf diese Weise ihre Lebensfreude wieder.

Inzwischen hat auch die AOK Rheinland die Vorzüge des Schreibens im Rahmen des psychosozialen Projekts »Kraftquelle kreatives Schreiben« entdeckt. Hier erfahren die Teilnehmer, welche Energien durch das Schreiben freigesetzt werden.

Eine Frau schildert ihre Erfahrung: »Ich fühle nun, dass mein Wort zählt wie jedes andere. Ich lerne, zu meinem Wort zu stehen und meinen Gedanken Ausdruck zu verleihen.«

Schreiben ist ein kreativer Akt, in dem Trauer ein Ventil findet und sich umwandeln kann in eine positive Kraft. Wenn Sie nicht gerade ein Buch schreiben wollen, dann halten Sie Ihre Gefühle durch Tagebuchschreiben fest. Es kann zu Ihrem besten Freund und engsten Vertrauten werden.

2.2.6. Trauerrituale und Trauerjahr

Der Weg der Trauer ist einer der schwierigsten Wege, die wir im Leben gehen müssen. Rituale[29] helfen dabei und werden derzeit wieder entdeckt. Rituale geben Halt in einer haltlosen Situation. Sie gehören zum kulturellen Erbe der Menschheit und haben damit eine lange Tradition.

Unter einem Ritual versteht man eine Kult- oder religiöse Handlung, eine Sitte, einen Brauch, eine Tradition, eine Gewohnheit. Religiöse Rituale sind z.B. die Kommunion in der katholischen, bzw. das Abendmahl in der evangelischen Kirche, sowie Trauungen, Beerdigungen usw. Regelmäßige, gemeinsame rituelle Handlungen in der Gruppe, z.B. im Gottesdienst, fördern das Gemeinschaftsgefühl und dienen damit der Verbundenheit und dem sozialen Miteinander.

Rituale sind sich wiederholende Verhaltensmuster. Jeder übt sie aus, weil sie jeder braucht, weil sie der Seele guttun. Je nach Situation können sie reinigend, befreiend oder beglückend sein. Wir brauchen Rituale, denn sie bieten uns Beständigkeit und die Möglichkeit, in der Wiederholung vertrauter Handlungsabläufe Ruhe, Sicherheit und Geborgenheit zu finden.

Die Beerdigung ist ein Ritual, auf das wir unseren Schmerz und unsere Fragen projizieren können. Und es geht uns danach besser! Dieses Ritual ist die Antwort auf alle Gefühle, die wir mit dem Tod verbinden, und wir haben die Chance, das alles emotional zu verarbeiten. Die Beerdigung aber ist nur *ein* Ritual in einer Reihe von Trauerritualen, wie z.B. eine Kerze anzünden, sobald ein Mensch verstorben ist; ein Vaterunser sprechen; ein Kreuz aufstellen; das Sterbezimmer mit Blumen ausschmücken; den Verstorbenen waschen und ankleiden; eine Totenmaske abnehmen; Sargbeigaben spenden; Kondolenzbesuche abstatten; Totenwache am Vorabend der Beerdigung; Totenmesse, Requiem, bzw. Aussegnung; Beerdigung; Beerdigungskaffee; Trauerkleidung; Trauerzeit und Grabpflege.

Hannelore, Teilnehmerin eines Trauerseminars, äußert sich zu ihren Erfahrungen mit Ritualen so:

»Als mein Mann im Sterben lag, haben wir uns oft über seine Beerdigung unterhalten. Er vertrat den Standpunkt, dass er kein Grab brauche. ›Wozu auch – ich bin dann eh nicht mehr da‹, sagte er immer, und Beerdigung und Gottesdienst hielt er auch für überflüssig. ›Ich möchte verbrannt werden und dann ist es gut. Dann hast du keine Belastung mit der Grabpflege.‹

Bis zu seinem Tod sah ich vieles ähnlich wie er. Ich persönlich brauche auch kein Grab. Aber am Tag seiner Beerdigung habe ich eine Erfahrung gemacht, die mir gezeigt hat, wie wichtig Rituale sein können. Das Versenken des Sarges in der Erde hat etwas Unwiderrufliches an sich. Er – sein Körper – wird der Erde übergeben. Nie wieder wird er körperlich in Erscheinung treten. Man realisiert, dass der geliebte Mensch uns endgültig verlassen hat, dass wir ihn nie wieder sehen werden. Dieses Ritual des Abschieds ist für viele wichtig, denn nur wer Abschied nehmen kann, realisiert, dass etwas zu Ende ist, und ist erst dadurch in der Lage, sich auf Neues einzulassen. Gerade Tod und Beerdigung sind wichtig – wenn nicht für einen selbst, dann für Familienangehörige oder Freunde. Insofern kommt es nicht immer darauf an, was man selbst gerne hätte oder möchte, sondern auf das, was diejenigen brauchen, die mit dem Verlust weiterleben müssen.«

In der heutigen Zeit wenden sich mehr und mehr Menschen von den Kirchen ab. Damit schwindet auch das Verständnis für die heilenden und tröstenden Kräfte der Rituale. Es gibt Traditionen, die es wert sind, nicht in Vergessenheit zu geraten. Natürlich kann man nicht jedes Ritual wiederbeleben, aber man kann von den alten Ritualen lernen.

Die Rituale der Vergangenheit, wie sie seit der griechischen Antike bestehen – den Toten zu waschen, anzukleiden, Totenwache zu halten –, ließen Hinterbliebenen Zeit, den Tod sinnlich zu begreifen. Weitgehend werden diese Handlungen heutzutage von professionellen Bestattern übernommen. Abgesehen vom

Brauchtum in manchen ländlichen Regionen sind als Trauerrituale im Wesentlichen nur geblieben:

- der Trauergottesdienst oder die nichtkonfessionelle Trauerfeier
- die Beerdigung, der Beerdigungskaffee
- das Tragen der Trauerkleidung.

Als Rituale nach der Beerdigung ist zunächst die Grabpflege zu nennen. Dabei geht es nicht allein um die eigentliche Grabpflege, sondern um den Besuch des Verstorbenen an seiner Grabstätte. Oft finden dort Gespräche mit dem Verstorbenen statt und stille Gebete.

Ein weiteres Ritual besteht in der Begehung und Gestaltung bestimmter Gedenktage: In vielen, vor allem ländlich-katholischen Regionen wird auch heute noch ein »Sechs-Wochen-Amt« und ein »Jahresgedächtnis« für den Verstorbenen gefeiert.

Für den Alltag und die üblichen menschlichen Kontakte haben Trauernde oft weder Kraft noch Sinn. Fast jede Kultur hält deshalb für sie Bräuche und Regeln bereit. Sie signalisieren den Menschen um sie herum: Hier lebt jemand in einer besonderen Gefühlswelt, die es zu achten gilt. Witwen und Witwer sollen ein Jahr um ihren Ehepartner trauern – dieser Restbestand an gemeinsamer Trauerkultur ist in unserem Kulturkreis noch verbreitet. Das Trauerjahr gab es schon im Römischen Reich, allerdings nur für Witwen. Für alle anderen betrug die offizielle Trauerzeit neun Tage. Im Judentum ist die Trauerzeit unterteilt: Drei Tage sind für das Weinen da, sieben für das Klagen, dreißig für die Trauer. Ein ganzes Trauerjahr ist nicht den Witwen, sondern allein trauernden Eltern vorbehalten.

»Das Trauerjahr war für mich eine ganz besondere Zeit, mit eigener Qualität und Würde. Im Rückblick erkenne ich, es war ein heilsames Jahr. Ich ließ die Zeit mit meinem verstorbenen Mann immer wieder an mir vorüberziehen. Langsam reifte in mir die Erkenntnis, dass es nicht selbstverständlich war, dass wir so glücklich waren. Die Dankbarkeit darüber ließ jede Klage verstummen. Oft habe ich meinen Mann in dieser Zeit auf dem Friedhof besucht, er wurde mir zu einem vertrauten Ort.

An Weihnachten musste alles so sein, wie mein Mann es geprägt hat. Er hat diesem Fest immer eine besondere Würde gegeben. Mit den Ritualen des Weihnachtsfestes war mein Mann mir nicht fern.

Den Urlaub verbrachte ich mit einer Freundin auf Amrum, an dem Ort, an dem wir Jahre vorher unbeschreiblich glücklich gewesen waren. Es war wohltuend, nicht allein dort sein zu müssen und trotzdem ganz für mich sein zu dürfen. Es zog mich auch hier zum Friedhof, er schenkte mir Kraft und Frieden. Ich ging Wege, die ich an seiner Hand gegangen bin, und ich sprach mit der netten Dame von der Rezeption unseres gemeinsamen Hotels. Sie hatte Jahre vorher in ähnlichem Alter ihren Mann verloren. Ein Jahr des Erinnerns, ein Jahr der Ruhe war das Trauerjahr. Aber alles hat seine Zeit, weinen hat seine Zeit, lachen hat seine Zeit, klagen hat seine Zeit. Und so kam nach dem Jahr der Trauer ein neues Jahr, ein Jahr des langsamen Vorwärtsgehens.«

Irmela (59)

Dieses Beispiel macht deutlich, dass das erste Jahr nach dem Verlust eines geliebten Menschen ein riesiger Umbruch ist, eine Zeit der Trauer und der Veränderung. Alles ist anders, vieles muss neu gelernt werden und doch ist der Verstorbene überall gegenwärtig und macht den Verlust bewusst.

Das erste Jahr nach dem Tod des Partners ist meist das intensivste. Die Ein-Jahres-Marke hat nichts Zwingendes an sich, dennoch ist es wichtig, alles »zum ersten Mal« ohne den geliebten Menschen zu durchleben – Weihnachten, Geburtstage, Jahreszeiten.

Wer es ein ganzes Jahr lang geschafft hat, die verschiedenen Jahreszeiten, Feiertage, den eigenen und den Geburtstag des verstorbenen Partners, den Hochzeitstag, Weihnachten und den Jahreswechsel allein zu bewältigen, hat die schlimmste Trauerstrecke bereits hinter sich, wobei die meisten Trauernden der Meinung sind, dass Weihnachten und der Jahreswechsel die schlimmsten Tage in der Trauerbewältigung sind.

Im traditionellen »Trauerjahr« trug man früher Schwarz und signalisierte damit nach außen: »Bitte geht behutsam mit mir um.« Mit dem Trauerjahr nahm man sich gesellschaftlich akzeptierte Zeit zu trauern. Das Ablegen der dunklen Kleidung, stufenweise vorbereitet durch die Kombination schwarzer Kleidung mit Musterungen in Weiß- oder Grautönen, die allmählich in buntere Farben übergingen, signalisierte der Umwelt: »Die Zeit meiner Trauer ist vorbei, ich kann und ich möchte wieder am Leben teilnehmen!«

Unsere heutige schnelllebige Zeit lässt Trauernden weder Raum noch Zeit. Trauer solle möglichst unauffällig erledigt werden, ruck, zuck! Am Tag nach der Beerdigung hat man wieder am Arbeitsplatz zu sein und – bitte schön – seine Leistung zu erbringen, als sei nichts geschehen. Man kann sich bei kritischer Betrachtung unserer Gesellschaft des Eindrucks nicht erwehren, dass Trauer und Trauernde das Lebensgefühl, die gute Laune der Nichttrauernden verderben. Schließlich ist es das Gebot unserer Zeit, möglichst immer gut drauf zu sein. Die Situation auf dem Arbeitsmarkt tut das ihre, dass Menschen sich körperlich und seelisch vitaler geben, als sie sind.

Aber unerledigte Trauer kommt teuer zu stehen und es erfordert Mut, sich Zeit für Trauer zu nehmen und sich ihr zu stellen. Nur danach kann Lebensfreude irgendwann zurückkehren. Jeder muss den Weg der Trauer selbst gehen und jeder wird spüren, wann er das Ende des Trauerweges erreicht hat.

»Ich habe im ersten Jahr nach dem Tod meines Mannes, dem sogenannten Trauerjahr, viele Seminare besucht, die Kleidung meines Mannes weggegeben, unser Haus umgestaltet und mich äußerlich verändert. Alle in meiner Umgebung halten mich für bewundernswert stark, ohne zu wissen, dass jetzt, nachdem alles Organisatorische abgewickelt ist und es nichts mehr zu tun gibt, für mich die Hölle beginnt mit unsagbarem Schmerz. Erst jetzt höre ich seine Schlüssel an der Eingangstür – erst jetzt habe ich das Gefühl, er kommt gleich nach Hause oder er muss mich jeden Moment anrufen! Wenn ich im Garten arbeite, höre ich sein Auto – und bin ganz fertig und verzweifelt, weil er es nicht ist. Er fehlt mir so sehr und ich möchte nicht mehr stark sein – meine Tränen tun so weh – aber ich will nicht mehr vor der Wahrheit flüchten. Ich bin ihm sehr böse, weil er mich alleingelassen hat, und trotzdem liebe ich ihn, will ihn spüren, ihn berühren, mit ihm lachen und streiten. Ich will aber auch den Sinn verstehen, warum er mich so früh alleingelassen hat.«

Lilly (51)

Das Trauerjahr ist eine intensive Zeit, in der viel passiert. Es ist eine Zeit, in der Trauernde neu Tritt fassen und ihrem neuen Leben einen Sinn geben müssen. Nach dem Tod des Partners muss die Witwe das abendliche Alleinsein im Wohnzimmer aushalten und wird dabei die Erfahrung machen, dass Alleinsein nicht gleichbedeutend mit Einsamsein ist. Der Partner ist weg, aber so vieles von ihm ist noch da. Und noch eine wichtige Erfahrung machen Trauernde im Trauerjahr: Alles im Leben scheint langsamer geworden zu sein, weil es so viel Kraft erfordert, die Trauer auszuhalten.

Am Ende des Trauerjahres findet bei Katholiken ein Jahresgedächtnis für den Verstorbenen statt, das mit einer heiligen Messe gefeiert wird. Dazu wird häufig über eine Zeitungsanzeige eingeladen mit Texten wie:

- »Die Welt dreht sich weiter, als wäre nichts geschehen. Doch überall sind Spuren deines Lebens, deiner Liebe, die uns an dich erinnern. Am Sonntag, dem … feiern wir das erste Jahresgedächtnis für …«
- »In das Dunkel des Todes leuchtet das Licht der Ewigkeit. In das Dunkel der Trauer leuchtet das Licht der Erinnerung. Jahresgedächtnis für … am … in liebevoller Erinnerung.«

Darüber hinaus gedenkt beispielsweise die katholische Kirche aller Lebenden und Verstorbenen bei jeder Messfeier und stellt damit die Verbindung von Lebenden und Toten her.

Rituale gegen das Vergessen werden in unserem Kulturkreis an Gedenktagen wie Allerheiligen, Buß- und Bettag, Volkstrauertag und Totensonntag besonders gepflegt. Gedenktage sind Zeiten zum Nachdenken, zum Besinnen, zur gedanklichen Integration der Verstorbenen in das Leben der Hinterbliebenen. Besonders geeignet ist der November, die triste Jahreszeit, in der die Natur stirbt und die Blätter lautlos fallen. Diese Kulisse hält uns in besonderer Weise dazu an, ganz besonders an unsere Toten zu denken.

Viele kennen diese Tage nur noch als arbeitsfreie Tage. In ländlichen Regionen allerdings werden Gedenk- und Besinnungstage oft noch traditionell begangen. Von Nord nach Süd, von West nach Ost und umgekehrt setzten sich die Menschen in Bewegung, um die Gräber ihrer Verstorbenen zu besuchen. Das Wiedersehen am Grab fördert den Familienzusammenhalt.

Aber es gibt auch den nichtreligiös geprägten Brauch, sich mit Familienangehörigen und sehr engen Freunden an bestimmten Tagen zur Erinnerung an den Verstorbenen zu treffen (neudeutsch: »Remember- oder Memorytage«).

Die Erinnerung an die verstorbenen Menschen, die uns einen wesentlichen Teil unseres Lebens begleitet haben, holt neben der Trauer auch positive Erlebnisse, wichtige Erfahrungen, Geborgenheitsgefühle und gemeinschaftliche Begebenheiten wieder in die Gegenwart zurück. Lassen wir in dieser besinnlichen Novemberstimmung unser durchgestyltes Leben mit allen Hochs und Tiefs wie einen Film an uns vorüberziehen. Vielleicht kann sich dabei auch so etwas wie Dankbarkeit einstellen für alles, was das Leben uns bisher geschenkt hat. Unterdrücken Sie also an diesen Tagen weder Besinnlichkeit noch traurige Gedanken und Gefühle.

Unsere Toten erinnern uns Lebende nicht nur an die eigene Sterblichkeit, sondern auch an die Tragfähigkeit des eigenen Lebensentwurfes. Was sind Entscheidungen wert angesichts der Endlichkeit? Der christliche Glaube fordert uns immer wieder dazu auf, so zu leben, dass wir unser Leben vor uns und vor Gott verantworten können. Wir sind nur »Gast auf Erden«.

Beeindruckend fand ich auch die Aufforderung einer Trainerin bei einer Fortbildung: »Schreiben Sie ganz spontan drei oder vier Dinge auf, die Ihnen wichtig wären, bei der Trauerrede anlässlich Ihrer Bestattung erwähnt zu werden.« Dabei kommt jeder sehr schnell zu dem, was für ihn wesentlich ist.

Was eine Kultur wert ist, erkennt man auch an der Art und Weise, wie sie mit ihren Toten umgeht. Der Toten zu gedenken, ist ein ehrenvolles Ritual. Sich ihnen in Liebe verbunden zu wissen, ist ein Zeichen tiefer Menschlichkeit. Es ehrt unser Volk, dass wir so liebevoll die Gräber unserer Toten pflegen. Und es ist ein Zeichen tiefer Verbundenheit, wenn jemand für seine Verstorbenen betet, sie und ihr Leben Gott empfiehlt.

Trauerrituale helfen Menschen auf ihrem Weg durch die Trauer, ein Weg, der ins Zentrum eines Labyrinths führt und wieder hinaus.

»Unsere Toten sind nicht abwesend, sondern nur unsichtbar. Sie schauen mit ihren Augen voller Licht in unsere Augen voller Trauer.« (Augustinus)

Schmerzlich wird uns immer wieder die Lücke bewusst, die der Tod in unser Leben gerissen hat. Aber allen, die einen solchen Verlust erlitten haben, möchte ich die tröstenden Worte des Gedichtes von Henry Scott Holland ans Herz legen. Er hat ergreifend schöne Texte über den Tod und die Trauer geschrieben und macht Mut, über dem Verlust des geliebten Menschen das Leben nicht zu vergessen. Eine schlichte Botschaft der Hoffnung und immerwährenden Liebe für die Zeit nach einem großen Verlust und ein Trost für alle, die einen nahestehenden Menschen verloren haben.

Der Tod hat keine Bedeutung –
ich bin nur nach nebenan gegangen.
Ich bleibe, wer ich bin,
und auch ihr bleibt dieselben zusammen.
Was wir einander bedeuten, bleibt bestehen.
Nennt mich bei meinem vertrauten Namen.
Sprecht in der gewohnten Weise mit mir
und ändert euren Tonfall nicht!
Hüllt euch nicht in Mäntel aus Schweigen und Kummer –
lacht wie immer über kleine Scherze,
die wir teilten.
Wenn ihr von mir sprecht,
tut es ohne Reue, ohne jegliche Traurigkeit.
Leben bedeutet immer nur Leben –
es bleibt bestehen –
immer – ohne Unterbrechung.
Ihr seht mich nicht,
aber in Gedanken bin ich bei euch –
irgendwo, ganz in der Nähe –
nur ein paar Straßen weiter.[30]

3. Aus der Trauer zurück ins Leben finden

Der Weg zurück in ein von Trauer nicht mehr dominiertes Leben führt über die Trauerphasen »Akzeptanz« und »Neuorientierung«, die im Kapitel »Die Akzeptanz des Trauerprozesses« (S. 60) kurz beschrieben wurden. Im Folgenden mache ich Ihnen ganz konkrete Vorschläge, was Sie tun können, um wieder zurück ins Leben zu finden. Am Ende eines jeden Abschnitts finden Sie eine grau unterlegte Zusammenfassung, die Ihnen die Orientierung erleichtern soll.

3.1. Akzeptanz und Neuorientierung

Nach großer Verzweiflung und vielen Kämpfen akzeptieren Verwitwete schließlich die Realität des Todes, sodass der Heilungsprozess beginnen kann. Es eröffnen sich endlich neue Möglichkeiten, das Leben sieht nicht mehr düster aus, ein »Licht am Ende des Tunnels« wird erkennbar, es gibt neue Hoffnung.

Hinterbliebene finden wieder Interesse am Leben. Sie können wieder lachen und das, was ihnen geblieben ist, wieder mehr genießen. Sie können an den geliebten Verstorbenen denken, ohne von Traurigkeit überwältigt zu werden, und sie haben sogar das Gefühl, durch den Verlust etwas gelernt zu haben.

So berichtete Mariella (56), deren Mann sich das Leben genommen hatte (vgl. Kapitel: »Der selbstbestimmte Tod«, S. 27):

»Mit der Zeit verwandelten sich meine Gefühle in Dankbarkeit. Ich erkannte, dass Georg das Beste war, das mir passieren konnte. Er war mein bester Lehrmeister, der mir gezeigt hat, wie schön das Leben ist. Sein Lachen war ansteckend, seine Worte so aufbauend, wenn ich niedergeschlagen war. Er gab mir Sicherheit, mit ihm wollte ich eine Familie haben und gemeinsam alt werden. Er hat mir stets Mut gemacht, meinen Weg zu gehen.

Nach etwa einem Jahr hatte ich den größten Schmerz überwunden. Die Tage, an denen ich mich besser fühlte, mehrten sich. Ich begann meine Wohnung umzugestalten. Ich wollte wieder ins Leben zurück, mich trauen, wieder glücklich zu sein.

Mit dem Wissen, wie schnell alles vorbei sein kann, schaue ich nun auf unsere Ehe zurück. Ich habe Georg verziehen, dass er mich verlassen hat. Mein neues Leben, in dem mich mein neuer Partner liebevoll und behutsam begleitet, ist wunderschön. Ich stehe morgens auf und es geht mir gut. Finanziell komme ich gut über die Runden. Inzwischen habe ich mich selbstständig gemacht, mein Leben selbst in die Hand genommen und Verantwortung übernommen für mich, gemeinsam mit meinem neuen Partner.«

Aber der Umbruch in ein neues Leben ohne den verstorbenen Partner und die Akzeptanz der neuen Realität kann immer wieder einmal von massiven Stimmungsschwankungen gestört werden.

In dieser Zeit sollten Sie sich verwöhnen und gut zu sich selbst sein. Nur wer die Fähigkeit besitzt, sich selbst Gutes zu tun, kann Energien und Kraftquellen tanken. Beweisen Sie sich, dass es z. B. auch lohnenswert ist, für sich *allein* ein tolles Essen zu kochen, an einem dekorativ gedeckten Tisch zu essen, sich Blumen zu kaufen oder sich mit einer besonderen CD zu verwöhnen.

Frauen in dieser Phase durchleben ambivalente Gefühle: Sie verspüren einerseits die Reduzierungen ihres Lebens und trauern um das Leben, das sie verloren haben. Nachdem sie aber diese Realität akzeptiert haben, erkennen sie gleichzeitig die positiven Seiten ihres Alleinseins, die neuen Freiheiten, Dinge zu genießen und alles anzupacken und umzusetzen, was sie immer schon mal tun wollten.

Dieser grundlegende Wandel zeigt sich bei Frauen oft zuerst an einer neuen Frisur, an einem neuen Outfit und an der kompletten Umgestaltung der Wohnung, des Gartens oder des Hauses.

Dann überlegt die Witwe vielleicht, dass das Arbeitszimmer ihres Mannes vielleicht doch besser als Gästezimmer genutzt werden könnte und dass seine Anzüge und Schuhe, statt in den Schränken zu verstauben, z. B. über die Caritas oder das Rote Kreuz Bedürftigen zukommen sollten. In ihrer Erinnerung lebt ihr verstorbener Mann trotzdem weiter.

Zur Neuorientierung gehört auch, ab jetzt alle Entscheidungen selbst zu treffen und auch die Verantwortung dafür zu übernehmen. Vieles im nun beginnenden Leben ist Neuland und für alles, was man nicht versteht, kann man sich fachkundige Beratung einholen. Wichtig ist allein, dass man alles lernen will, um eines Tages autark zu sein. Das vermittelt innere Freiheit und das tolle Gefühl, sein Leben unter Kontrolle zu haben und es eigenständig gestalten zu können.

Dass sich ein trauernder Mensch überhaupt in seinem Leben neu orientieren kann, hängt mit der Wandlung seiner Persönlichkeit während des Trauerprozesses zusammen. Dass sich wiederum die Persönlichkeit des Trauernden ändert, liegt daran, dass er in eine Krise gestürzt wird.

»Krise«, von lat. *crisis,* bedeutete ursprünglich »Entscheidung, entscheidende Wendung«. So schmerzhaft und bedrohlich Krisen auch empfunden werden, sie bieten jedem Menschen die Chance, zu seiner wahren Bestimmung zu finden. Krisen sind notwendig, damit sich Entwicklungsprozesse vollziehen können.

Gerade an Widerständen und in Krisen, an Lebensübergängen und in Einsamkeit eröffnen sich neue Wege der Wandlung, zeigen sich Potenziale der Reifung.

Erfolgreich durchlebte Krisen machen den Menschen reifer, demütiger und menschlicher. Seelische Schmerzen lassen sich in der Retrospektive als Läuterung des Geistes verstehen, der nach durchlebter Krise klarer und reiner geworden ist und dem Menschen eine neue Sichtweise seiner selbst und des gesamten Lebens vermittelt. Ungelöste Lebensfragen erscheinen dann plötzlich in einem ganz anderen, neuen Licht, sodass man innerlich gestärkt und geistig-seelisch gewachsen aus dieser Krise als gereifte Persönlichkeit hervorgehen kann.

»Ich habe meinen 15 Jahre älteren Mann, der einen schweren Schlaganfall erlitt, fünf Jahre zu Hause gepflegt, bevor er gestorben ist. Das hat mich viel Kraft gekostet. Obwohl mein Mann mir überall fehlt, tue ich heute das, was meine Seele mir sagt. Wichtig war für mich, was sich in meiner Seele tat, welcher Druck sich jeweils löste und was sich Schritt für Schritt in mir tat und veränderte.

In den fünf Jahren, die ich nun allein lebe, habe ich alles getan, um mich selbst wieder zu regenerieren. Erst zwei Jahre nach seinem Tod konnte ich es zulassen, mir einzugestehen, dass ich in den fünf Jahren der Pflege Ungeheures geleistet habe, obwohl ich das doch für selbstverständlich hielt. Auch diese Selbsterkenntnis, dieses Eingestehen, alles getan zu haben, was möglich war, tat meiner Seele sehr gut. Und damit konnte ich wieder ein Stück Abschied leisten und meiner Seele sagen: Es ist alles gut.

Es ist gut, alles zuzulassen, was mit Trauer, Tod und Abschiednehmen zu tun hat. Es ist gut, der Seele Raum zu geben, denn sie hat während der Krankheit des Partners sich für ihn verzehrt. Es ist gut zu weinen und laut zu sprechen, es löst die Spannungen der Seele. Es ist auch gut zuzulassen, etwas Neues zu beginnen, jetzt wieder etwas zu genießen. Es ist auch im Sinne meines verstorbenen Mannes.

Es ist gut, der Seele Raum zu geben, nach vorne zu sehen, das Leben neu zu ordnen und vielleicht sich auch wieder anderen zu öffnen. Seele und Gefühl werden signalisieren, was zu tun ist und wann es zu tun ist. Ich habe vieles neu lernen müssen: Geduld mit mir selbst zu haben, unterscheiden zu lernen, wer wirklich mitfühlt/mittrauert, unterscheiden zu lernen bei Nachfragen, wie es mir geht (rein rhetorische Fragen, Höflichkeitsfragen, Interessensfragen), einzugestehen, dass ich selbst bis an die Grenzen meiner Leistungsfähigkeiten gegangen bin und tatsächlich viel geleistet habe.

Mein Mann und ich haben uns sehr lange auf den Abschied vorbereiten können, schmerzlich war es, aber notwendig: das Loslassen. Nach seinem Tod befand ich mich im Zustand des Losgelassenseins, ein wenig hilflos, orientierungslos. Es hat eine Zeit gedauert, bis meine Seele akzeptierte, was mein Verstand schon eher wusste: Behalte deinen Mann in Erinnerung, das kann dir keiner nehmen.

Durch den Tod meines Mannes habe ich die Angst vor dem Sterben und dem Tod verloren. Ich bin dankbar, dass ich ihn ein paar Wegschritte begleiten durfte. Es ist eine Bereicherung für mein Leben.«

Marianne (57)

Der Verlust des Partners und die Trauer um ihn verändert alles. Nichts ist mehr so, wie es war. Wir nehmen die Welt und uns selbst plötzlich anders wahr. Trauer verändert Menschen, ihre Einstellungen und Überzeugungen, insbesondere ihre Einstellung zur »Zeit« und zu allem, was ihnen »wirklich wichtig ist im Leben«.

»Nach der Krankheit und dem Tod meines Mannes hat sich mein Verhältnis zur Zeit total verändert. Früher sagte ich oft: ›Das hat doch noch Zeit.‹ Heute bin ich mit solchen Aussagen viel vorsichtiger, weil keiner wirklich weiß, wie viel Zeit ihm bleibt. Für mich hat diese Erkenntnis Folgen: Das, was mir besonders wichtig ist, verschiebe ich nicht mehr auf später, weil ich die Erfahrung gemacht habe, dass es für manche Menschen kein Später gibt. Ich habe Zeit als knappes Gut kennengelernt und dadurch, Prioritäten zu setzen. Mein Bewusstsein hat sich sehr verändert!«

Cornelia (57)

Eine Trauererfahrung kann auch dazu führen, innezuhalten und zu überlegen, ob das, was wir bis dahin ein glückliches, erfolgreiches Leben nannten, wirklich das ist, was uns erfüllt und bereichert. Gelegentlich zieht jeder seine persönliche Bilanz, macht seinen persönlichen »Kassensturz«; meistens dann, wenn einem die Endlichkeit des Lebens bewusst wird. Dann blicken viele zurück und fragen sich: Was habe ich mit meinem »Zeitkonto« angefangen und was würde ich mit meinem heutigen Wissens- und Erfahrungsschatz anders machen? Wo würde ich meine Schwerpunkte setzen, wenn ich noch einmal über meine Lebenszeit verfügen dürfte?

Ich habe mehrere Jahre als ehrenamtliche Sterbebegleiterin in einem stationären Hospiz gearbeitet[31] und zahlreiche Menschen in ihrer Endphase begleitet. Dabei wurde ich häufig mit den Fragen konfrontiert: Was würde ich anders machen, wenn ich noch einmal die Weichen zu stellen hätte? Was fange ich an mit dem Rest meines Lebens?

Die einen äußerten:»Ich würde mehr auf mich achten, wenn ich erschöpft wäre, statt zu unterstellen, die Welt würde ohne mich zusammenbrechen.« Andere sagten:»Ich würde bewusster genießen, statt immer nur zu arbeiten.« Wieder andere äußerten:»Ich würde Menschen mehr Aufmerksamkeit schenken und weniger auf eine perfekt aufgeräumte Wohnung achten. Ich würde mehr für meine eigene Lebensfreude tun und mich nicht über Kleinigkeiten ärgern und ich wäre großzügiger und nachsichtiger. Ich würde nicht ständig an mir herummäkeln, sondern mich freuen, gesund zu sein.«

Die unterschiedlichen Aussagen sind traurige, unzeitgemäße Erkenntnisse, weil Vergangenes nicht mehr zu ändern ist. Sie lassen ein Bedauern erkennen und zeigen, was wichtig gewesen wäre und was am Ende zählt.

Vielleicht fragen auch Sie sich: Was ist mir wichtig? Lebe ich mit mir im Einklang oder mache ich meine Zufriedenheit von Normen abhängig? Beeinträchtige ich meinen Lebensgenuss durch ständige Unzufriedenheit? Was würde ich anders machen, wenn ich wüsste, dass ich nur noch kurze Zeit zu leben hätte?

Vielleicht wären Sie angesichts der wertvollen Restzeit, die Ihnen bleibt, dankbar für Ihr kleines, bescheidenes Leben, würden sorgsamer mit Ihrem Körper umgehen. Sie würden wahrscheinlich unter dem Eindruck der wertvollen Lebenszeit, die Ihnen noch bleibt, diese Zeit besser nutzen und sich nicht mit Oberflächlichkeiten »berieseln« lassen. Bestimmt würden Sie, könnten Sie am Ende Ihres Lebens die Weichen noch einmal neu stellen, ein liebenswerterer Mensch sein!

Eine Frau mittleren Alters, die ich monatelang in ihrer letzten Lebensphase begleitete, kam zu folgenden philosophischen Erkenntnissen: »Was immer wir tun, es kostet uns Zeit. Deshalb ist unsere Zeit unendlich kostbar. Sie ist wertvoller als Geld. Münzen und Scheine sind Falschgeld, Stunden und Minuten sind das echte Zahlungsmittel.«

»Nachdem mir mein Mann, mit dem ich noch so viel vorhatte, durch einen tragischen Verkehrsunfall plötzlich genommen wurde, habe ich meine Einstellungen zu vielen Sachen drastisch verändert. Nach diesem Schicksalsschlag habe ich erkannt, dass die wichtigste und knappste Ressource in unserem Leben die Zeit ist. Deshalb gehe ich nun viel bewusster und sparsamer damit um und vermeide es, dieses wertvolle Gut zu vergeuden! Angesichts unwiederbringlicher Zeit genieße ich bewusst jede Minute meines kurzen Lebens. Voraussetzung dafür ist es, sich von Kleinkram, Unwichtigem, Unerfreulichem zu befreien und sich auf das Wesentliche zu besinnen. Das wird bei jedem etwas anderes sein, doch glaube ich, dass ein erfülltes Leben nicht einfach Zufall oder Schicksal ist, sondern dass wir durch Überlegung, Klugheit und Planung unser Lebensglück eher erreichen, als wenn wir nur so gedankenlos vor uns hin leben. Mich interessiert es auch zunehmend, von anderen Menschen zu erfahren, was sie für das Wertvollste in ihrem Leben halten, wofür sie ihre kostbare Zeit verwenden und was sich nach ihrer Lebenserfahrung wirklich lohnt.«
Michaela (54)

Hierzu eine Geschichte:

»Mein Freund öffnete eine Schublade der Kommode seiner Frau und holte daraus ein kleines Paket hervor, das in Seide eingewickelt war: ›Dies ist nicht einfach ein Paket, darin ist feine Wäsche.‹ Er betrachtete die Seide und die Spitze. ›Dies habe ich ihr vor acht oder neun Jahren in New York gekauft, aber sie hat es nie getragen.‹ Sie wollte es aufbewahren, für eine besondere Gelegenheit. Nun ja, ich glaube, jetzt ist der Moment gekommen. Er ging zum Bett und legte das Päckchen zu den anderen Sachen, die der Bestatter mitnehmen würde.

Seine Frau war gestorben.

Er drehte sich zu mir um und sagte: ›Hebe niemals etwas für einen besonderen Anlass auf. Jeder Tag, den du erlebst, ist besonders!‹ Ich denke immer an seine Worte, sie haben mein Leben verändert. Heute lese ich viel mehr als früher und putze weniger. Ich setze mich auf meine Terrasse und genieße den Blick in die Natur, ohne mich am Unkraut im Garten zu stören. Ich verbringe mehr Zeit mit meiner Familie und meinen Freunden und arbeite weniger. Ich habe begriffen, dass das Leben aus einer Sammlung an Erfahrungen besteht, die man zu schätzen wissen sollte. Außerdem schone ich nichts. Ich nehme die guten Kristallgläser jeden Tag und ziehe meine neue Jacke zum Einkaufen im Supermarkt an, wenn mir danach ist. Ich hebe mein bestes Parfum nicht mehr für Festtage auf, sondern trage es, wenn ich Lust habe. Sätze wie ›irgendwann‹ und ›eines Tages‹ werden aus meinem Vokabular bzw. Wortschatz verbannt. Wann immer es sich lohnt, will ich, was mir in den Sinn kommt, gleich sehen, hören und machen. Ich weiß nicht, was die Frau meines Freundes getan hätte, hätte sie gewusst, dass sie morgen nicht mehr da ist (ein Morgen, das uns viel zu sehr egal ist). Ich denke, sie hätte ihre Familie und enge Freunde angerufen. Vielleicht hätte sie sich bei alten Freunden für einen Streit entschuldigt, der lange her war. Ich stelle mir gern vor, dass sie chinesisch essen gegangen wäre (zu ihrem Lieblings-Chinesen). Es sind die ganz kleinen nie getanen Dinge, die mich ärgern würden, wenn ich wüsste, dass meine Stunden gezählt sind. Ich wäre traurig, gute Freunde nicht mehr getroffen zu haben, mit denen ich schon so lange Kontakt aufnehmen wollte (… irgendwann eben). Traurig, dass ich die Briefe nicht mehr geschrieben habe, die ich schreiben wollte ›irgendwann eben‹. Traurig, dass ich meinen Lieben nicht oft genug gesagt habe, dass ich sie liebe.

Inzwischen verschiebe ich nichts mehr, bewahre nichts für eine besondere Gelegenheit auf, was ein Lächeln in unser Leben bringen könnte. Ich sage mir, dass jeder Tag ein besonderer Tag ist. Jeder Tag, jede Stunde, jede Minute ist besonders.«[32]

Wenn Sie nach den Trauerphasen »Schock und Verleugnung«, »Lähmung« und »Desorganisation« wieder im Leben Tritt gefasst haben, werden auch Sie sich verstärkt mit der Frage beschäftigen, was in Ihrem neuen Leben wichtig sein könnte. Sie werden immer mehr den Wunsch nach Kontakten zu Mitmenschen verspüren, die sich ebenfalls bereits in den Trauerphasen »Akzeptanz« und »Neuorientierung« befinden.

Zur Orientierungshilfe gibt es im Internet einige Foren für »Fortgeschrittene im Trauerprozess«, z. B.: www.nachdertrauer.de. Hier besteht die Möglichkeit, sich mit Mitmenschen zu treffen und auszusprechen.

So erzählt z. B. Reinhild (54), die schon im Kapitel »Trost und Beistand« (S. 79 f.) zu Wort kam, wie sie es schaffte, sich neu zu orientieren:

> »Ich weigerte mich lange Zeit hartnäckig, mich mit vielem auseinanderzusetzen. Oft fiel mir die Decke auf den Kopf. Nachhausekommen bedeutete für mich, mich mit der Leere des Hauses auseinanderzusetzen. Ich begann die Flucht nach vorn und unternahm mit einer Freundin mehrere Reisen. Tunesien, Italien – plötzlich hatte ich Zeit und entdeckte, dass ich durch die Krankheit meines Mannes auch vieles entbehrt hatte.
>
> Ich besann mich wieder darauf, meine Hobbys wieder aufzunehmen. Ich ging wieder zu meinem früheren Kegelverein und interessierte mich für Neues: Bei der Volkshochschule belegte ich verschiedene Kurse, unter anderem Tai-Chi. Auch die Tanzgruppe mit netten Frauen aller Altersgruppen oder die ehrenamtlichen Aktivitäten für die Kirche möchte ich heute nicht mehr missen. Ich lese gerne, kümmere mich gern um Haus und Garten und musste einiges hinzulernen. Mit gestärktem Selbstbewusstsein schaue ich heute zufrieden zurück. Die Zeit hat mir geholfen, den Schmerz zu überwinden, obwohl etwas Trauer wohl immer zurückbleibt. Mein geliebter Mann wird mir weiter fehlen und natürlich körperliche Nähe und Zuwendung. Ich werde oft gefragt, ob ich mir vorstellen könnte, jemals eine neue Beziehung einzugehen. Ich denke, dass das allein von dem Mann abhängen wird, dem ich begegne. Doch fest steht schon heute, zusammenziehen würde ich mit keinem Mann mehr!«

Zusammenfassung:

- Der Weg aus der Trauer zurück ins Leben ist lang und durchläuft verschiedene Stadien. Nach großer Verzweiflung und vielen Kämpfen akzeptieren Verwitwete schließlich den erlittenen Verlust. Das ist eine Voraussetzung dafür, dass der Heilungsprozess beginnen kann.

- Es eröffnen sich Trauernden neue Möglichkeiten, das Leben sieht nicht mehr düster aus, ein »Licht am Ende des Tunnels« wird erkennbar, es gibt neue Hoffnung.

- Hinterbliebene finden wieder Interesse am Leben. Sie können wieder lachen und das, was ihnen geblieben ist, wieder mehr genießen. Sie können an den geliebten Verstorbenen denken, ohne von Traurigkeit überwältigt zu werden, und sie haben sogar das Gefühl, durch den Verlust etwas gelernt zu haben.

3.2. Geborgenheit finden im Netzwerk von Freunden

Über die Bedeutung von Freundschaften im Allgemeinen sind wir uns klar: Wer Freunde hat, kann sich glücklich schätzen, denn sie bieten Gesellschaft, Verständnis und Anerkennung. Freunde sind immer für uns da, selbstlos und jederzeit – wenn nötig – öffnen sie uns mit konstruktiver Kritik die Augen für das Geschehen um uns herum.

Die Werte, die Freundschaft beinhaltet, wie Vertrauen, Respekt, Hilfe und Zuneigung sind unersetzlich. Anders als unsere Familien können wir uns Freunde aussuchen (Wahlverwandtschaften). Gewählte Freundschaften sind oft mehr wert und von intensiverer Bindung als Blutsbande. Freundschaftliche Zuneigung basiert auf Freiwilligkeit. Ihre Freunde tun für Sie Dinge ohne die Erwartung einer Gegenleistung – das ist das Wunderbare daran.

Wahre Freunde lieben uns, und zwar nicht für das, was wir haben oder darstellen, sondern dafür, wie wir sind! Wahre Freunde lassen einander am Leben und an Entwicklungen teilhaben und das geht nicht, indem man sich einmal jährlich trifft und zum Geburtstag und zu Weihnachten anruft. Ein weiteres Merkmal wahrer Freundschaft ist es, dass einem etwas fehlt, wenn sich der andere über einen längeren Zeitraum nicht meldet, denn wahre Freunde machen sich Sorgen, wenn sie länger nichts voneinander gehört haben. Freundschaften verpflichten und fordern, setzen Verständnis und Vertrauen voraus und erfordern Einsatz.

In einer Gesellschaft, in der die Menschen immer mehr vereinzeln, sind soziale Kontakte und die Pflege sozialer Beziehungen immer wichtiger. Es gilt inzwischen als erwiesen, dass die Fähigkeit zur Freundschaft zu größerer seelischer Ausgeglichenheit führt. Besonders für Verwitwete ist ein tragfähiger Freundeskreis wichtig:

»Neben der Einsamkeit und der Stille nach dem Verlust meines Mannes, die vielleicht meine größten Heiler waren, hatte ich das große Glück, aufgefangen zu werden durch die liebevolle und fürsorgliche Begleitung durch meine Freunde. Zusätzlich fand ich Freunde per Internet, mit denen ich mich verbunden fühle und mich austauschen kann. Ich habe die erstaunliche Erfahrung gemacht, wie sehr sich der Freundeskreis durch einen Todesfall verändern kann. Ich hätte es vorher nie gedacht, aber die besten Freunde haben sich etwas distanziert und die, bei denen ich vorher nicht so davon ausgegangen bin, sind mir nähergerückt. Manche Freunde gingen mir auch verloren. Sie konnten nicht mit mir trauern, nicht mitleiden, fanden keine Worte. So einfach es klingen mag, aber die Zeit wird eine Veränderung bringen. Es stimmt zwar nicht, dass die Zeit alle Wunden heilt, ich denke eher, die Zeit deckt sie nur zu. Aber dann, wenn die Trauer abebbt und man selbst wieder anders empfinden kann, ist es vielleicht wieder möglich, Freunde, die sich – vielleicht aus Hilflosigkeit, Unsicherheit, Angst – nicht ganz korrekt verhalten haben, auch etwas ›gnädiger‹ zu beurteilen.«
Marianne (53)

Doch nichts, was man nutzen will, bekommt man zum Nulltarif. Gute Freunde kann man nur dann haben, wenn man selbst einer ist. Freundschaften benötigen ebenso wie Liebesbeziehungen ständige Beziehungspflege.

Freundschaften können auch einmal abrupt zerbrechen, häufiger aber »verwelken« sie. Dann liegt ein schleichender Prozess der Veränderung vor, der oft nicht bewusst wahrgenommen wird. Er beginnt mit nachlassendem Interesse, was sich an größer werdenden »Sendepausen« zeigt, und endet schließlich eines Tages mit Entfremdung. Ohne Kontakt und Austausch stirbt Freundschaft. Jeder muss im Laufe seines Lebens damit rechnen, dass er die eine oder andere Freundschaft verliert.

Um solche »Verluste« auszugleichen, sollte für jede verlorene Freundschaft eigentlich ein neuer Kontakt hergestellt werden. Die meisten Menschen tun allerdings nichts oder nicht sehr viel dafür, neue Kontakte herzustellen und evtl. neue Freunde zu gewinnen. In der Phase des Älterwerdens vernachlässigen sie häufig sogar jahrelang bestehende Freundschaften.

Wenn eine Freundschaft vorbei ist, merken wir das bald: Besuche und Anrufe werden immer seltener, dafür Ausreden immer häufiger. Die Abnahme der Wertschätzung wird immer deutlicher. Aus Zuneigung ist Gleichgültigkeit geworden.

Doch auch Freunde, die nicht täglich miteinander sprechen und sich aufgrund räumlicher Distanzen nicht regelmäßig sehen, können dennoch sehr eng befreundet sein. Genau dann, wenn sie die wenige gemeinsame Zeit intensiv genießen. Aber denken Sie immer daran: Trotz Zeitmangels ist es recht unwahrscheinlich, dass es jemand nicht schafft, sich bei Ihnen immer mal wieder zu melden.

Die Lebenserfahrung lehrt aber, dass nach dem Verlust eines Freundes irgendwo ein neuer Mensch auf Sie wartet.

Was eine Freundschaft wert ist und wie schwer es sein kann, ein echter Freund zu sein, zeigt sich vor allem in den schwierigen Lebenssituationen. Gerade in Krisenzeiten, wie sie ein Trauerfall einleitet, sind wir auf unsere Freunde angewiesen. Andererseits ist man als Trauernder aufgefordert, sich aktiv um Freundschaften zu bemühen.

Hierzu gibt es eine interessante Studie von Betina Hollstein mit dem Titel »Soziale Netzwerke nach der Verwitwung«[33]. Im Rahmen ihrer Dissertation erforschte sie, wie und aus welchen Gründen sich private Beziehungen zu Freunden, Nachbarn oder Kollegen nach dem Tod des Partners verändern.

Tiefe Trauer und Schmerz sind allgemein bekannte psychologische Reaktionen auf den Tod eines langjährigen (Ehe-)Partners. Hollstein stellte fest, dass Verwitwete ihre Beziehungen nach dem Tod des Partners ausbauen müssen, um wieder ein befriedigendes Leben führen zu können. Menschen, die keine neuen Kontakte knüpften, sondern als Witwe lediglich versuchten, alte Beziehungen, beispielsweise zu Familienmitgliedern, zu intensivieren, gehörten einer Risikogruppe an, denn sie vereinsamten und seien mit ihrem Leben meist unzufrieden. Exemplarisch für die Risikogruppe seien beispielsweise Frauen, die lebenslang Mutter und Hausfrau waren. Während ihrer Ehe waren sie vor allem auf Mann und Kind(er) fixiert. Nach dem Tod ihres Mannes könnten sie häufig keine neuen Beziehungen knüpfen oder neue Aktivitäten aufnehmen. Ihre Kinder und Enkel stehen ihnen am nächsten und sind der Mittelpunkt ihres Lebens. Leider sind das keine gleichwertigen Beziehungen, und sie enden wegen falscher Erwartungen oft in Enttäuschungen.

Nach dem Tod des Partners vernachlässigen viele Verwitwete oft persönliche Freundschaften. Dabei wäre es sehr wichtig, die Gemeinschaft mit Gleichgesinnten zu suchen und selbst dafür zu sorgen, dass sich neue Beziehungen und Lebensinhalte ergeben. Gut ist es, die Gemeinschaft von Menschen zu suchen, mit denen man Interessen und Freizeitaktivitäten teilen kann. Wer nach dem Tod des Partners neue Freizeitaktivitäten für sich findet und darüber neue Kontakte anbahnt, hat gute Aussichten, den Schicksalsschlag der Verwitwung zu überwinden.

Hollstein fand ebenfalls heraus, dass der Zusammenhang zwischen der Lebenszufriedenheit der Befragten und ihren Strategien signifikant war: Verwitwete, die den Verlust ihrer Partner-schaft mit verschiedenen Freizeitaktivitäten ausglichen – etwa durch ausgedehnte Reisen in ferne Länder oder durch Über-nahme eines Ehrenamtes –, hätten bald eine neue Grundlage für ihr neues Leben gefunden. Aktivitäten aller Art könnten eine Partnerschaft ersetzen oder aber dazu dienen, neue Menschen kennenzulernen und neue Beziehungen aufzubauen.

»Für mich ist eine Welt zusammengebrochen. Da ist man so lange mit einem Menschen zusammen gewesen und mit einem Mal ist da diese wahnsinnige Leere. Man ist plötzlich allein, es ist keiner da, der mit einem spricht.« So oder ähnlich empfinden die meisten Verwitweten ihr plötzliches Alleinsein. Manche müssen dann auch erleben, dass befreundete Ehepaare sich nach und nach von dem oder der Verwitweten zurückziehen.

Auch für Kati, die mit 48 Jahren Witwe wurde, war das Al-leinsein nach dem Tod ihres Mannes das schlimmste Erlebnis. Kati und ihr Mann hatten alle privaten Aktivitäten immer ge-meinsam unternommen. Irgendwann aber schaffte Kati ihren Weg aus dem Alleinsein. Sie ging zwar keine neue Partnerschaft ein, besann sich aber auf eine alte Leidenschaft aus der Zeit vor ihrer Ehe: das Reiten. Beflügelt nahm sie Reitstunden, um an Vereinsturnieren teilnehmen zu können. Daraus wiederum erga-ben sich gemeinsame Feiern und andere Aktivitäten.

Wer plötzlich allein zurückbleibt, vor allem im reiferen Alter, den bringen die Verluste in seinem sozialen Netzwerk aus dem Gleichgewicht. Besonders bei älteren und sehr alten Verwitwe-ten ist das persönliche Umfeld in ständigem Umbruch, wenn etwa Geschwister, Freunde oder Bekannte sterben. Gefühle der Einsamkeit und Isolation entstehen dann umso mehr. Ein gutes Verhältnis zur Familie, zu Kindern und Enkelkindern gibt Älte-ren, die ihren Partner verloren haben, Halt. Problematisch wird es allerdings, wenn dort ungelöste Konflikte der Vergangenheit die Kommunikation erschweren.

Nach dem schmerzlichen Verlust des Partners haben viele Menschen nur sehr begrenzt Energie für Neues. Es fällt ihnen schwer, völlig neue Kontakte zu schließen – obwohl es ihnen guttäte, ihr Beziehungsnetz zu erweitern.

Hilfreich ist es, sich aufzuraffen und alte Freundschaften zu reaktivieren. Vielleicht haben Sie Ihre früheren Kolleginnen ja nur deshalb aus den Augen verloren, weil Ihr Partner sie nicht leiden konnte? Nehmen Sie sich Ihr altes Adressverzeichnis vor oder recherchieren Sie im Internet Namen von früher.

Gibt es sympathische Menschen, denen Sie im Alltag regelmäßig begegnen? Die freundliche Frau, die Sie beim Einkaufen immer so nett grüßt, die Familie, die meistens neben Ihnen in der Kirchenbank sitzt. Wechseln Sie einmal ein paar Worte mehr miteinander und bauen Sie die Kontakte (bei beiderseitigem Interesse) bewusst aus. Grüßen Sie Ihre Nachbarn, wechseln Sie mit dem Briefträger ein paar Worte, rufen Sie alte Bekannte an. Sagen Sie ihnen, dass Sie sich jetzt wieder in der Lage fühlen, die Kontakte zu erneuern.

Die Vorteile solcher Bekannt- und Freundschaften im Nahbereich: Sie lassen sich recht einfach pflegen und sind Lichtblicke im grauen Alltag.

Zusammenfassung:

- Nach einer Zeit des Rückzugs gilt es wieder, soziale Kompetenzen, die in der Zeit der Trauer nicht mehr praktiziert wurden, zurückzugewinnen und zu lernen, in kleinen Schritten wieder auf andere zuzugehen.
- Hilfreich für Verwitwete ist es, die Gemeinschaft von Menschen zu suchen, mit denen man Interessen und Freizeitaktivitäten teilen kann. Überlegen Sie sich, was Sie gerne für sich tun möchten. Wer nach dem Tod des Partners neue Freizeitaktivitäten für sich findet und darüber neue Kontakte anbahnt, hat die besten Chancen, den Schicksalsschlag der Verwitwung zu überwinden,

denn nur durch Eigeninitiative können Sie es schaffen, wieder ins Leben zurückzukehren.

- Hilfreich sind nach wie vor Netzwerke von Bekanntschaften und Freundschaften, die jeder Ehepartner für sich hatte und die Verwitweten auch nach dem Verlust des Partners erhalten bleiben.

3.3. Krisenzeiten managen

Wer lange Jahre in einer Ehe oder Partnerschaft gelebt hat, empfindet das Zurückgeworfensein auf sich selbst an Wochenenden, Feiertagen (besonders Weihnachten) und im Urlaub als Krisenzeit. Wer es gewohnt war, die freie Zeit stets mit seinem Partner zu planen oder zu verbringen, für den sind die genannten Zeiten die Schattenseiten, die zu überwinden sind.

Der Sonntag ist für Witwen der Tag, an dem die infrage kommenden Bekannten schon verabredet oder nicht erreichbar sind. Sie sind bei Freund, Freundin oder Familie. Und Paare und Familien will man schließlich nicht »stören«.

Im Fernsehen gibt es sicherlich manch interessante Sendung, aber es gibt keinen, mit dem man anschließend darüber diskutieren könnte. Wagt eine Witwe sich am Wochenende bei schönem Wetter aus der Wohnung, begegnen ihr auf den bekannten Spazierwegen nur händchenhaltende, anscheinend total glückliche Paare, was den Verlustschmerz erneut entfacht. Betroffene können sich einer solchen depressiven Verstimmung kaum entziehen. Aber sie können ihr vorbeugen, indem sie schon in der Woche vor einem Sonntag einen Plan aufstellen, wie sie diesen Tag am besten für sich nutzen. Wie ist natürlich individuell verschieden. Vielleicht hilft Ihnen Folgendes:

Verabreden Sie sich mit einem Fahrradclub oder einem Wanderverein zu einem Ausflug oder, wenn Sie es gemütlich haben wollen, frühstücken Sie lange und ausgiebig und lesen dabei ein großes Sonntags- oder Wochenblatt. Fühlen Sie sich fit, gehen Sie z.B. eine Runde joggen. Sport fordert unsere Konzentration und beschert uns Endorphine (Glückshormone), negative Gefühle und Gedanken treten vollkommen in den Hintergrund. Und nach dem Erreichen eines sportlichen Zieles, das mit körperlicher Anstrengung verbunden ist, empfindet man eine Hochstimmung. Aber auch ein »Wellnesstag« in einem Solebad kann Ihnen das Gefühl vermitteln, sich selbst etwas Gutes getan zu haben.

Auch die Urlaubszeit ist für Witwen häufig eine Krisenzeit. Nach Jahren gemeinsamen Urlaubs mit dem verstorbenen Partner ist »Urlaub allein« Neuland mit allen Vor- und Nachteilen, die dazu gehören. Wenig empfehlenswert ist es, den Urlaub wie gewohnt am gleichen Ort, im gleichen Hotel und zur gleichen Reisezeit zu verbringen wie einst mit Partner. Viele, die das ausprobiert haben, kamen sich sehr einsam und verloren vor. Zu viele Erinnerungen können einen unbeschwerten Urlaub belasten und deshalb ist es ratsam, etwas ganz Neues zu probieren.

Sofern es finanziell möglich ist, könnten Sie z.B. einen »Wellnessurlaub« buchen, auf den Sie mit Rücksicht auf Ihren Mann vielleicht früher verzichtet haben. Dort findet man endlich Zeit für Hobbys und kann z.B. wandern, lesen, meditieren, Gymnastik betreiben, schwimmen gehen, sich mit Massagen verwöhnen lassen oder an diversen Gruppenveranstaltungen teilnehmen. Diese Form des Urlaubs bietet Witwen eine ideale Möglichkeit, Tapetenwechsel mit vielen Aktivitäten zu kombinieren, neue Kontakte herzustellen und sich von außen Anregungen zu holen, was man alles tun könnte, um das Leben schöner zu gestalten.

Wer als Witwe erstmalig einen Urlaub allein bucht, der sollte zuvor einiges bedenken, damit die Urlaubszeit nicht zu einer Krisenzeit wird. Buchen Sie am Anfang – egal, ob im Winter oder im Sommer – einen Cluburlaub! Die Zeiten, in denen aufdringliche Animateure einem den ganzen Tag auf die Nerven gingen, sind vorbei. Clubs sind zurzeit die Hochburgen für »Solisten«. Hier findet man Anschluss, aber nur, wenn man es auch möchte. Alles ist sehr locker und man kann tun und lassen, was man möchte. Hier erfahren Sie sich und Ihre Situation als »normal«, denn hier sind nur Alleinreisende.

Weihnachten und der Jahreswechsel sind für Witwen häufig auch Krisenzeiten. Zur ohnehin schon schlechten Grundstimmung an den dunkelsten Tagen des Jahres kommt für viele Menschen in der Weihnachtszeit noch die Einsamkeit hinzu. Der alljährliche Jahreswechsel lässt viele Menschen Bilanz ziehen. Schmerzliche Verlusterlebnisse werden wieder aktuell. Scheidungen, Todesfälle und die daraus resultierende Einsamkeit werden besonders an Familienfesten und zum Jahreswechsel schmerzhaft wahrgenommen. Freunde, die sonst oft über die Einsamkeit hinweghelfen, traut man sich nicht anzurufen.

Verwitwete vermissen gerade zu Weihnachten die vertrauten Menschen, mit denen sie dieses Fest früher gemeinsam gefeiert haben. Zudem verhindert die Serie von Feiertagen, dass sie mit anderen Menschen, z. B. am Arbeitsplatz oder beim Einkaufsbummel, zusammenkommen. Sie sind also häufig allein auf sich gestellt und empfinden ihre Einsamkeit. Sie sollten sich aber klarmachen, dass dieses Problem von Ihrer Erwartungshaltung abhängt. Lassen Sie sich doch einmal darauf ein, etwas anderes zu denken: Weihnachten muss nicht zwangsläufig in der Familie gefeiert werden!

Sie sollten sich die Festtage so einteilen, wie *Sie* es wollen! Am zufriedensten werden Sie sein, wenn Sie sich Weihnachten und den Jahreswechsel nach eigenen Bedürfnissen zusammenstellen und planen:

● Wenn Sie keine Lust haben, wie immer die Bedürfnisse Ihrer Familie zu erfüllen, dann fahren Sie über Weihnachten und den Jahreswechsel z. B. in Urlaub. Viele Pensionen und Hotels haben sich bereits auf alleinreisende »Weihnachtsflüchtlinge« eingestellt und bieten ein wunderschönes Rahmenprogramm an. Vielen gefällt das so gut, dass sie alljährlich wiederkommen.

- Wer frühzeitig an Freunde und Bekannte denkt und reichlich vorweihnachtliche Post versendet, verbessert die Aussichten, dass zu Weihnachten ein Kärtchen, ein Anruf oder gar eine Einladung zurückkommt.
- Machen Sie selbst einen Vorstoß: Trauen Sie sich, Menschen, von denen Sie wissen, dass sie an Weihnachten einsam sind, zu sich einzuladen.
- Gehen Sie auf ebenfalls Alleinstehende zu und fragen Sie sie, ob man vielleicht Weihnachten etwas zusammen unternehmen sollte.

(Weitere Anregungen zum Thema »Krisenzeiten managen« finden Sie in meinem Buch: Glücklich allein – Ohne Partner in die reifen Jahre, Heidelberg 2007, S. 137 ff.)

Zusammenfassung:
- Wer verwitwet ist, muss etwas tun, um nicht zu vereinsamen. Initiative ist gefragt und rechtzeitige Planung von Wochenenden, Feiertagen und Urlauben.
- Es eröffnen sich viele Möglichkeiten, wenn man bereit ist, auf andere Menschen zuzugehen und sich mit denen zusammenzutun, die in der gleichen Situation sind.
- Wer allein ist, muss auf niemanden mehr Rücksicht nehmen. Das beinhaltet die Chance, beispielsweise eine andere Urlaubsform auszuprobieren. Cluburlaube oder Wellnessurlaube sind dafür hervorragend geeignet. Hier trifft man auf Menschen, die ebenfalls allein sind, und häufig ergeben sich dadurch interessante Kontakte, Bekanntschaften oder Freundschaften.

3.4. Durch Aktivität Freude am Leben neu entdecken

Mit dem Tod des Partners verlieren Sie Beziehungen und Aufgaben, die für Sie bisher sehr wichtig waren. Nach dem Verlust und der anschließenden Trauerzeit haben Sie sich verändert (vgl. oben Kapitel:»Akzeptanz und Neuorientierung«, S. 100). Die grundlegend veränderte Situation und Ihre eigene persönliche Weiterentwicklung eröffnen Ihnen nun auch neue Freiheiten und Chancen. Entscheiden Sie neu, wohin Ihr Leben ab jetzt gehen soll, und nutzen Sie Ihre neu gewonnene Unabhängigkeit!

Darüber, dass Sie alte Freundschaften pflegen und vielleicht auch intensivieren und neuen freundschaftlichen Beziehungen gegenüber aufgeschlossen sein sollten, war bereits im Kapitel »Geborgenheit finden im Netzwerk von Freunden« (S. 109) zu lesen. Neue Lebensfreude erwächst Ihnen aber auch durch die Erschließung neuer Aufgaben. Von Verwitweten habe ich erfahren, dass es gut sein kann, sich nach dem Tod des Partners völlig neuen Aktivitäten zuzuwenden. Manchmal hilft es auch, sich an frühere Interessen, vergessene Hobbys und vielleicht jahrelang brachliegende Fähigkeiten zu erinnern. Oft reicht es, sich zu fragen, was man immer einmal tun wollte und wozu man nie Zeit hatte.

»Nach dem Tod meines Mannes musste ich mich nun auch um die Bankgeschäfte kümmern, die früher das Ressort meines Mannes waren. Bei der Bank stach mir das Programmheft der Volkshochschule in die Augen. Ich nahm es mit nach Hause und blätterte es durch. Französisch, das war der Tipp für mich. Ich meldete mich an und hatte das Glück, in eine sehr sympathische Gruppe zu kommen, auf die ich mich von Woche zu Woche freue. Es geht vielen weniger darum, ein fabelhaftes Französisch zu lernen, als vielmehr darum, in einer Gruppe netter Menschen integriert zu sein. Wir laden uns untereinander ein, verabreden uns zum Kino oder zum Konzert und haben im Bedarfsfall auch jemanden zum Reden. Für mich war das eine tolle Entscheidung mit weitreichenden, positiven Folgen.«
Heidrun (59)

Gerlinde (61) fand nach dem Tod ihres Mannes einen neuen Lebensinhalt und eine Zugehörigkeit im Verein. Der Sport hat sie zwar ihr Leben lang begleitet, doch letztlich ist es für sie nebensächlich, um welchen Sport es sich dabei handelt. Sie freut sich darüber, wenn Sportkameradinnen bei ihr anrufen, wenn sie einmal beim Training verhindert war. Sie genießt das Glück, wahrgenommen und vermisst zu werden, und das gibt ihr ein gutes Gefühl.

Auch Bruni (58) war es klar, dass sie selbst Initiative zeigen musste, wenn sie nicht allein versauern wollte. Sie trifft sich regelmäßig mit anderen Witwen zum Bridge. Danach trinken sie gemeinsam Kaffee und reden über alles, was ihnen gerade in den Sinn kommt.

Nach der Trauerzeit geht es um die Wiedererlangung von Lebensfreude, ohne die kein Leben lebenswert wäre, denn Lebensfreude oder Lebenslust ist ein Motor des Lebens. Ob es einem Menschen gut oder schlecht geht, hängt zu einem guten Teil von Faktoren ab, die nicht in seiner Macht liegen. Was er aber beeinflussen kann, ist seine Sichtweise, sind Haltung und Methode, mit der er auf Herausforderungen und Probleme reagiert. Am bekanntesten ist die Unterscheidung von optimistischer und pessimistischer Haltung:

Sieht eine Witwe sich als »Opfer des Schicksals«, wird sie es schwerer haben, zur Lebensfreude zurückzukehren als eine andere, die dankbar auf ihr Leben zurückblickt. Wie wir die Ereignisse des Lebens bewerten, bestimmt unsere Befindlichkeit, denn der Mensch fühlt, was er denkt.

Tatsache ist, dass Optimisten ebenso Schicksalsschläge wie andere Menschen erleiden. Trotzdem haben sie mehr vom Leben, denn sie nehmen das Leben so, wie es ist. Sie nehmen sich viel Zeit und genießen auch die kleinen Dinge des Lebens, weil sie nichts für selbstverständlich halten.

Manchmal muss man gegen eine negative Stimmung angehen, um sie zu überwinden, z. B. trotz eines psychischen Durchhängers einen Spaziergang zu machen, statt zu Hause zu bleiben, in der negativen Gedankenspirale zu verharren oder sich gar hineinzusteigern. Lernen Sie von Optimisten, die sich durch nichts erschüttern lassen und in allem etwas Gutes sehen. Sie sehen nicht nur den Regen, der ungemütlich ist, sondern haben einen Blick für die Natur, der der Niederschlag guttut und alles so schön grün macht. Sie spüren den Wind auf ihrer Haut, sehen die Regentropfen auf den Blättern und Ästen glitzern, nehmen die Geräusche der Natur bewusst wahr und erfreuen sich daran. Das zeigt, dass die eigene Wahrnehmung dafür verantwortlich ist, von welcher Seite aus wir Sachen und Situationen sehen und beurteilen und wie wir etwas positiv oder negativ erleben können.

Auch in schwierigen Lebenssituationen ist eine optimistische Grundhaltung ganz wichtig, denn sie trägt entscheidend dazu bei, Probleme zu bewältigen. Manchmal scheint es, dass Optimisten ihre Frohnatur, ihre heitere Art, bereits in die Wiege gelegt worden ist. Sicherlich haben Menschen, die optimistische Eltern hatten, es leichter, mit Zuversicht und Optimismus durchs Leben zu gehen. Man kann Optimismus aber auch lernen.

»Mein Mann starb bei einem Arbeitsunfall. Ich war total down. Nach der Zeit unendlicher Trauer, Wut und Depression begann ich, wieder ein aktives, lebenswertes Leben aufzubauen mit einem Netzwerk sehr unterschiedlicher Freundinnen und freundschaftlichen Kontakten in der Nachbarschaft und am Arbeitsplatz. Heute bin ich so ausgefüllt, dass ich gelegentlich schon mal absagen muss, um Zeit für mich zu haben. Schön finde ich die organisierten Kurzreisen und Wochenendtrips, die ich mit netten Damen unternehme. Ich kann sagen, dass ich meine Lebenslust wieder entdeckt habe und auch trotz Partnerverlustes durchaus glücklich bin.«
Christa (51)

Wenn Sie gerade dabei sind, sich voller Freude neu im Leben einzurichten, kann es aber auch sein, dass Sie unvermutet von Querschlägern getroffen werden:

»Wenn die eigene Mutter mit annähernd 60 ein neues Leben beginnt, ein Vermögen verjubelt oder eine Weltreise macht, sind die eigenen Kinder oft irritiert. Auch ich habe mir von meiner Tochter vorhalten lassen müssen: ›Mama, muss das sein?‹

Meine Tochter versteht nicht, dass ich eine radikale Kehrtwende zurück ins Leben gemacht habe, nicht mehr bescheiden in Sack und Asche gehe, sondern mich modisch kleide und Reisen um die ganze Welt unternehme. Dabei denke ich, dass mir das zusteht. Nach dreißig Jahren Ehe verlor ich meinen Mann nach langer Krankheit. Lange habe ich ihn gepflegt und nie an mich gedacht. Nun bin ich der Meinung, dass meine Zeit gekommen ist und ich mir vom Leben nehme, was ich noch an Freuden bekommen kann. Und meine Freuden haben mit Fernreisen zu tun. Meine Tochter unterstellt mir egozentrische Selbstverwirklichung. Mir ist das egal, denn es ist mein Leben. Für mich ist diese Phase meines Lebens ein Selbstheilungsprozess und eine Wiederentdeckung von Lebenslust und Lebensfreude, die mir in den Jahren der Pflege und der Trauer abhandengekommen waren.«
Gisela (56)

Zusammenfassung:

- Wer verwitwet ist, muss sich in seinem neuen Leben komplett neu einrichten. Er hat nicht nur einen Verlust erlitten, es eröffnen sich ihm auch neue Freiheiten und Chancen für die persönliche Weiterentwicklung. Wer allein ist, kann noch einmal neu die Weichen stellen und entscheiden, welche Richtung das neue Leben nun nehmen soll.
- Neue Lebensfreude erwächst durch die Erschließung neuer Aufgaben. Viele Verwitwete entdecken völlig neue Aktivitäten oder sie greifen frühere Interessen und vergessene Hobbys wieder auf. Sie erinnern sich jahrelang brachgelegener Fähigkeiten oder tun etwas, was sie immer einmal tun wollten, hierzu aber nie Zeit hatten.

- Viele Verwitwete suchen Zugehörigkeit im Vereinsleben. Es geht darum, Aktivität mit Gemeinschaft zu kombinieren. Man gehört dazu, wird wahrgenommen, bekommt Rückmeldung und trifft sich regelmäßig.
- Wichtig ist es, durch Aktivitäten aller Art die Lebensfreude wieder zu erlangen, die der Motor für ein lebenswertes Leben ist. Es kommt weniger darauf an, für welche Aktivität man sich entscheidet, es kommt darauf an, *dass* man etwas tut.

3.5. Frei werden für eine neue Liebe

Eine gute Partnerschaft ist für viele Menschen das Wichtigste im Leben. Wenn ein Partner stirbt, brauchen die, die zurückbleiben, oft sehr lange, um sich im täglichen Leben alleine zurechtzufinden, besonders dann, wenn die Partnerschaft sehr lange gedauert hat.

Doch irgendwann kann die Zeit kommen, in der Sie sich wieder nach einem Partner sehnen. Zwar spüren Sie noch die alten Wunden und den bitteren Schmerz des Verlustes, aber Sie haben das Bedürfnis, endlich Frieden zu finden, Altes loszulassen, um neu beginnen zu können und damit frei zu werden für eine neue Liebe.

Erkennen Sie sich wieder? Sie haben Ihren Partner verloren, fühlen sich einsam und spüren, dass es wichtig ist, Altes zu verdauen und abzuschließen? Sie lernen immer wieder nette Menschen kennen, verlieren aber schnell die Lust, wenn's ernst wird? Sie lernen zwar Leute kennen, aber ganz schnell gewinnen Sie den Eindruck: »Oh weh, das läuft nach dem gleichen Muster wie meine alte Beziehung – Hilfe, das kann ich gar nicht gebrauchen«? Sie sehnen sich nach einer verlässlichen Beziehung, spüren aber auch Ängste, enttäuscht oder eingeengt zu werden?

Dann sollte der *erste Schritt* sein, sich mit den eigenen Sehnsüchten und schmerzhaften Gefühlen auseinanderzusetzen, d. h. sich selbst zu erkennen. Ihr Gewinn könnte zunächst darin bestehen, sich mit Ihrem Alleinsein zu versöhnen. Sie werden selbstbewusst, werden sich darüber klar, was Sie in einer künftigen Partnerschaft zu geben bereit sind und was Sie von ihr erwarten. Sie erkennen, was Sie brauchen, um wirklich glücklich zu sein. Wenn Sie auf diese Weise Ihr Innerstes prüfen, wird Ihnen klarer, welcher Partner zu Ihnen passen könnte. Dazu stellen Sie sich z. B. folgende konkrete Fragen:

- Welche Lebensbereiche möchte ich mit meinem Partner teilen?
- Was möchte ich unabhängig von meinem Partner tun?
- Welcher sozialen Schicht sollte mein Partner angehören?
- Welche Äußerlichkeiten sind mir wichtig?
- Suche ich eher einen Menschen, der mit mir ein aufregendes Leben führt, oder einen, der mir Stabilität und Sicherheit vermittelt?

In einem *zweiten Schritt* lernen Sie, Altes loszulassen: Sie »entsorgen« alte Wut und Vorwürfe. Sie erkennen, dass Sie eine Mitverantwortung für die Beziehung zu Ihrem verstorbenen Mann hatten und auch eigene Versäumnisse und Fehler. Dieser Aufarbeitungsprozess ist eine weitere Voraussetzung, um eine neue Beziehung erfolgreich eingehen zu können.

Bestimmt werden Sie sich fragen, warum Sie zunächst Altes loslassen müssen, um Neues beginnen zu können. Ein Sprichwort verdeutlicht das: »Wer loslässt, hat die Hände frei!«

Verliebt sein ist ohne Zweifel ein wundervoller Zustand. Wie schade, wenn wir diese wunderbaren Gefühle mit »Altlasten« verderben, die mit dem neuen Partner rein gar nichts zu tun haben! Unser Unterbewusstsein zwingt uns aber, uns so lange mit ungelösten Themen zu beschäftigen, bis sie verarbeitet sind. Erst dann können wir uns weiterentwickeln.

Vermeiden wir diesen Aufarbeitungsprozess, schaffen wir uns mit dem nächsten Partner die gleichen Probleme, die wir mit dem verstorbenen Partner hatten.

Wie aber gelingt es, das Alte loszulassen? Gerade Menschen, die sich sehr nach einer neuen Partnerschaft sehnen, sollten sich eine Auszeit nehmen, eine Zeit, in der sie sich erst einmal um sich selbst kümmern, denn so schaffen sie eine gute Basis für eine glückliche Zweisamkeit. »Wer innehält, erhält innen Halt!« (Laotse).

Wer sich in diesem Sinne zunächst einmal liebevoll um sich selbst kümmert und sich selbst achtet, wird auch die notwendige Energie für einen neuen Anfang aufbringen. Wer lieben und geliebt werden möchte, sollte damit anfangen, sich selbst zu lieben. Schenken Sie sich selbst Fürsorge, gehen Sie liebevoll mit sich um, genießen Sie das Alleinsein, genießen Sie die Zeit mit sich selbst.

Im *dritten Schritt* kümmern Sie sich aktiv um eine neue Beziehung. Dafür brauchen Sie Fantasie und Mut. Statt allein zu Hause zu sitzen und Trübsal zu blasen, beginnen Sie, bewusst neue Kontakte zu knüpfen. Das ist eine Kompetenz, die in den Jahren des Verheiratetseins oft verloren gegangen bzw. verkümmert ist, weil man zu zweit war und nicht gezwungen gewesen ist, auf fremde Menschen allein zuzugehen. Und alles, was man »vermeidet« oder nicht ständig übt, verlernt man. Deshalb sollte es zunächst darum gehen, sich unter fremde Menschen zu begeben und wieder zu üben, Kontakte aufzunehmen. Das ist ein gutes Übungsfeld, um unverkrampft aktiv zu werden, etwas zu unternehmen und lockere Begegnungen zu genießen. Erst danach sollte man sich der gezielten Partnersuche zuwenden.

Volkhochschulen und Einrichtungen der Erwachsenenbildung bieten Kurse an, um Sie auf diesen drei geschilderten Schritten zu unterstützen. Ziele dieser Kurse und Workshops sind:

- Sie lernen sich selbst besser kennen und schätzen.
- Sie sehen immer deutlicher, was Sie in einer Beziehung zu geben haben und was Sie sich von Ihrem Partner wünschen.
- Sie erkennen Beziehungsfallen.
- Sie überwinden Ihre Einsamkeit und können Alleinsein mehr genießen.
- Sie lernen, von Ihrem vergangenen Leben Abschied zu nehmen.
- Sie lernen konkrete Schritte kennen, um neue Kontakte zu knüpfen.

Sie erkennen nun sicher, dass es Reflexion, Initiative, Ausdauer und viel Zeit erfordert, frei für eine neue Liebe zu werden. Überraschenderweise scheinen Männer damit weniger Probleme zu haben als Frauen. Dazu folgendes Beispiel:

Erwins Frau starb im Alter von 51 Jahren infolge einer jahrelangen Krebserkrankung. Er selbst war zu diesem Zeitpunkt 53 Jahre alt, war beruflich stark gefordert und musste sich nun allein um Haus und Garten kümmern. Er war kein Typ, der gut allein sein konnte. So unternahm er bereits wenige Monate nach dem Tod seiner Frau Versuche, wieder eine Frau zu finden.

Vielfach unterstellen Freunde und Verwandte, dass ein Mann, der sich so schnell neu bindet, seine verstorbene Frau nicht »richtig« geliebt haben kann, und insofern stößt eine »allzu schnelle« neue Bindung häufig auf Unverständnis und Ablehnung. Sie wird als unmoralisch empfunden. So wurde auch in Erwins Bekanntenkreis mehr oder weniger offen gemunkelt: »Dass er seine Frau so schnell vergessen hat, das hat sie nicht verdient!«

Das war natürlich ein Vorurteil, denn nur Erwin konnte wissen, wie es in ihm aussah. Aber war er sich über seinen wahren seelischen Zustand im Klaren? War er wirklich schon frei für eine neue Liebe?

»Ich lernte per Kontaktanzeige einen Witwer kennen, dessen Frau erst ein halbes Jahr tot war, der aber davon überzeugt war, reif für einen Neuanfang zu sein. Für mich, die ich Erfahrungen hatte mit Trauer und Trauerverarbeitung, war aber klar, dass nach einer so kurzen Zeit keine Trauerbewältigung hatte erfolgen können. Da der Mann mich mit so vielen positiven Seiten beeindruckte, ließ ich mich auf ein näheres Kennenlernen ein, wissend, dass ich auch seine Trauer würde mittragen und verarbeiten müssen. Ich habe hautnah miterlebt, wenn ihn eine Woge der Trauer unkontrolliert in der schönsten Situation überkam. Weil ich wusste, dass solche Trauerattacken eine notwendige Trauerreaktion auf eine erlittene Verlusterfahrung sind, habe ich sie richtig eingeordnet. Trotzdem war es belastend für mich, diesen Weg des Kennenlernens unter so schwierigen Vorzeichen fortzusetzen. Überall war seine verstorbene Frau präsent und oft habe ich mich gefragt, wo denn eigentlich Platz für mich sein könnte. Gleichzeitig aber wusste ich, dass es sich für diesen Menschen lohnen könnte, abzuwarten und diesen schweren Weg mitzugehen, bis der Schatten der Trauer eines Tages von unserer Beziehung weichen würde. Das Ergebnis gab mir recht. Aber möglich war mir das Durchhalten in besonders kritischen Situationen nur deshalb, weil ich mich mit Trauer auskannte und weil ich die Potenziale dieses Menschen erkannt hatte.«
Britta (46)

Dieser Mann hat offensichtlich Glück gehabt. Hätte er eine weniger verständnisvolle Frau kennengelernt, wäre die Beziehung sicher bald in die Brüche gegangen, denn es ist auf die Dauer unerträglich, wenn der Partner, den man liebt, im Geist und in der Seele immer noch an einem Verstorbenen hängt.

Er hatte eben noch nicht loslassen können. Dies braucht Zeit und deshalb ist es nicht unklug, nach der überlieferten Regel das Trauerjahr einzuhalten (vgl. Kapitel »Trauerrituale und Trauerjahr«, S. 91).

Doch warum gehen Männer oft so schnell wieder eine neue Beziehung ein?

Männer trauern anders als Frauen. Einen Verlust als Realität zu erkennen und anzuerkennen, gelingt Männern häufig eher als

Frauen. Das führt dazu, dass Männer schneller ins Leben zurückkehren.

»Obwohl das niemand verstehen kann, habe ich bereits drei Monate nach dem Tod meiner Ehefrau wieder geheiratet. Meine jetzige Ehefrau, ebenfalls verwitwet, lernte ich per Internet unter www.verwitwet.de kennen. Die große Leere nach dem Verlust meiner Frau und die Sorge um die beiden Kinder (17 und 15) haben mich zu diesem Schritt veranlasst. Zu einer vollständigen Familie gehören Mutter und Vater. Das wollte ich für die Kinder schnell erreichen und für mich natürlich, damit ich diese Einsamkeit überwinde. Ich habe mich mit meiner verstorbenen Frau im Krankenhaus unterhalten, was sein wird, wenn sie tot ist. Die Lösung, die wir gefunden haben, war, dass ich so schnell wie möglich wieder ein gutes und schönes Umfeld für die Kinder und mich finden sollte. Meine neue Ehefrau und ich wissen, dass keiner von uns beiden die Trauer des anderen verdrängen kann. Trotzdem tun wir alles dafür, um dem Glück eine neue Chance zu geben.«
Leo (49)

Wenn Sie als Witwe nach einiger Zeit und obwohl Sie sich inzwischen mit dem Leben allein eigentlich ganz zufrieden eingerichtet haben, den Wunsch verspüren, wieder einen Partner kennenzulernen, stellt sich die Frage: »Wo lerne ich einen neuen Partner kennen?«

Erich (68) und Marianne (66) sind nicht verheiratet, wohnen auch nicht zusammen, haben aber – vielleicht gerade deshalb – jede Menge Spaß miteinander. Sie lernten sich durch eine Kontaktanzeige kennen, die Ernst im Stadtanzeiger aufgegeben hatte: »Rüstiger, sich jung fühlender 68-Jähriger sucht möglichst Gleichaltrige …!« 95 Zuschriften hatte er damals erhalten, mit vierzig Frauen traf er sich. Marianne war »die Zuschrift Nr. 39« und Liebe auf den ersten Blick.

Auch Ulla (59) ist schon seit drei Jahren verwitwet. Ihre Kinder sind erwachsen, außer Haus und leben ihr eigenes Leben. Das tägliche Leben ohne Partner, ohne verwandte Seele, wurde ihr eines Tages zur Qual. Schließlich gab sie eine Kontaktanzeige auf, um einen netten Mann kennenzulernen. Lothar, 64, meldete sich darauf und schon beim ersten Treffen funkte es. Kurze Zeit später schon stand für beide fest: Wir wollen wieder heiraten! Für beide, die durch den Tod ihrer Partner zum unfreiwilligen Single geworden waren, wurde ein Traum wahr. Freunde und Bekannte reagierten positiv auf ihren Entschluss und freuten sich mit den alten »Frischverliebten«.

Es muss natürlich nicht die Kontaktanzeige im Internet oder in einer Zeitung sein.

Gelegentlich passiert es auch, dass sich durch einen glücklichen Zufall oder eine glückliche Fügung doch noch einmal der Traumpartner einstellt.

Das ermutigende Beispiel von Mia (57) zeigt, dass die Chancen, einem liebenswerten Menschen zu begegnen, überall bestehen, selbst auf dem Friedhof:

»Ich bin seit dem plötzlichen Tod meines Mannes vor vier Jahren allein und hatte mich in meinem Alleinleben sehr gut eingerichtet. Mein Mann fehlte mir zwar sehr, aber ich hatte verlässliche Netzwerke, die mein Leben bereicherten. Ich war zufrieden und hätte nie daran gedacht, noch einmal nach einem neuen Partner Ausschau zu halten.

Auf dem Friedhof, wo ich regelmäßig das Grab meines Mannes pflegte, lernte ich einen sympathischen Mann kennen, der ein ähnliches Schicksal mit seiner Frau erlebt hatte. Wir trafen uns oft, tauschten uns über alles Mögliche aus und kamen uns dabei näher. Heute sind wir ein glückliches Paar, ohne dass wir die Absicht haben, zusammenzuleben. Wir führen beide unser Leben im gewohnten Umfeld weiter und verabreden uns, wenn wir Lust darauf haben, uns zu sehen, uns nahe zu sein, schöne Gespräche zu führen oder einfach nur um zu kuscheln. Wir feiern miteinander Feste, machen gemeinsame Wanderungen und Ausflüge und fahren gemeinsam in Urlaub. Trotzdem hat jeder von uns seine Rückzugsmöglichkeit, wenn er seine Freiheit braucht. ›Living apart together‹ ist unsere Lebensform, die offensichtlich immer beliebter wird.«

Auch Lisa (57) lief ein später Traumpartner noch einmal unerwartet über den Weg:

»Ich bin, trotz des Todes meines Mannes vor fünf Jahren, ein fröhlicher, lebensbejahender Mensch mit vielen Interessen. Nach meiner sehr glücklichen Ehe konnte ich mir überhaupt nicht vorstellen, dass danach noch etwas Vergleichbares kommen könnte. Dauernd hörte ich zudem von meinen Freundinnen, dass die auf der Suche nach einem Partner pausenlos schlechte Erfahrungen mit dem anderen Geschlecht gemacht hatten. Es schien mir, als sei es eine Überforderung des Schicksals, das Glück, das ich mit meinem verstorbenen Mann hatte, noch einmal erleben zu können.

Weil ich ein kontaktfreudiger Mensch bin und gern Menschen um mich habe, fand ich über meinen großen Freundes- und Bekanntenkreis auch immer einen Gesprächspartner oder auch mal jemanden, der spontan mit mir etwas unternehmen wollte. Viele suchten auch bei mir Rat, Trost und Hilfe. Ich spürte, dass man mich schätzte, dass mein Wissen und meine Erfahrung gebraucht wurden und dass man mich so mochte, wie ich bin. Freunde wurden für mich eine Art ›Familienersatz‹ und stützten mich in puncto Selbstannahme und Selbstsicherheit.

Einerseits war ich die ›starke Frau‹, die ihr Leben meisterte und souverän alle Problemklippen umschiffte – andererseits liefen heimlich manchmal die Tränen, weil ich über Monate keinen Menschen im Arm hatte. Ja, es gab sogar Zeiten, in denen ich einen Arztbesuch einfach deshalb genoss, weil ich mal wieder bei einer Untersuchung eine menschliche Berührung spürte. Aber wirklich verzweifelt über mein ›Schicksal‹ war ich nie. Trotz des Verlustes meines Mannes fühlte ich mich als ganzer Mensch, und nicht als halbes Paar. Ich lebte ruhig und unbeschwert und in Frieden – und da geschah es.

Ich war so unvorbereitet, wie man nur sein kann, als mir der Mann meines Herzens begegnete. Mir passierte etwas, von dem niemand wirklich glaubt, dass es einem Menschen zweimal im Leben geschenkt wird: Ich fand einen lieben Menschen, der mir auch nach vielen Tagen und Wochen nicht auf die Nerven geht. Ich kann mit ihm über seine und meine Marotten lachen, da ist gegenseitige Annahme zu spüren. Ich spüre eine geistige Nähe, es gibt stundenlange Spaziergänge mit Gesprächen über Gott und die Welt. Gemeinsam planen wir Projekte und Unternehmungen, die ich allein nie angepackt hätte, gemeinsam wälzen wir unsere ›Sorgenpakete‹ und erzählen uns Geschichten aus unserem Leben. So wächst unser gegenseitiges Vertrauen.

Dass ich gut ohne Partner leben konnte, das wusste ich. Aber dass das Leben gemeinsam viel mehr Genuss bietet, hatte ich bereits verdrängt. Manchmal muss man einfach Gottes Mühlen mahlen lassen und in Ruhe, Gelassenheit und Selbstvertrauen abwarten können. Oft kommt das Glück ganz unspektakulär. Man muss lediglich Chancen, die das Leben bietet, erkennen und ergreifen.«

Christa (60) passierte nach dem Tod ihres Mannes Klaus etwas, das sie zuvor nie für möglich gehalten hätte: Ihr begegnete noch im reifen Alter ihre große Liebe. Eines Tages trat Gerd in das Leben der zweifachen Mutter. »Ich habe mich wie siebzehn gefühlt und den gleichen Blödsinn gemacht.« Sie trafen sich bei einem Konzert, in dem sie zufällig nebeneinandersaßen, und er hatte sie angesprochen.

Über die Liebe zur Musik entdeckten beide viele gemeinsame Interessen: Theaterbesuche und Urlaubsreisen.

Ihr Leben mit ihrem ersten Mann sei turbulent und rastlos gewesen. Durch Gerd habe sie Ruhe gelernt und gründlicher in sich hineinzuhorchen. In dieser Stille entdeckte Christa auch den Wunsch, wieder zu heiraten, und das trotz des Verlustes ihres geliebten ersten Mannes. »Gerd brachte wieder Licht in mein Leben und zeigte mir, dass man auch nach dem Tod eines geliebten Partners wieder lieben kann, ohne Skrupel oder schlechtes Gewissen, ohne das Andenken an den Verstorbenen zu beschädigen. Mit 60 Jahren gebe ich noch einmal mein Jawort, denn für die Lebenden geht das Leben weiter! Und – meine Erfahrung ist – »*eine neue Liebe ist wie ein neues Leben!*«

Es ist gerade nach dem Verlust eines Partners ein besonderes, seltenes Glück, wenn man noch einmal einem Menschen begegnet, mit dem man gemeinsam weiter durchs Leben gehen kann. Aber es ist, wie geschildert, nicht ausgeschlossen. Wie schön, dass man sich auch im reiferen Alter noch verlieben kann, denn … Gefühle altern nicht!

Man darf es ruhig wagen, nach dem Tod des Partners eine neue Ehe einzugehen. Nur sollte man damit unbedingt warten, bis die Trauer wirklich verschwunden ist. Sie verdrängen oder überspringen zu wollen nach dem Motto: »Eine Liebe heilt die andere«, kann – wie oben beschrieben – fatale Auswirkungen haben. Schnell kann sich der Partner dann in der Rolle des Lückenbüßers wiederfinden und Stellvertreter oder Stellvertreterin für den verstorbenen Teil werden. Diese Rolle favorisiert wohl niemand. Wenn sich das »reifere Paar«, das sich glücklicherweise gefunden hat, taktvoll verhält, werden sich auch Kinder, Verwandte und Freunde mit dieser neuen Situation anfreunden.

Zusammenfassung:
- Viele Verwitwete träumen davon, sich noch einmal zu verlieben. Voraussetzung für einen Neustart zu zweit ist aber, dass man innerlich auch frei ist, dass man Trauer und Altlasten verarbeitet hat und nicht einen Partner sucht, um Trauer zu kompensieren.
- Wer einen Neustart wagt, muss sich zuvor mit seinen eigenen Wünschen, Sehnsüchten und Erwartungen auseinandersetzen mit dem Ziel zu erkennen, was man braucht, um wirklich glücklich zu sein.
- Frei für eine neue Liebe ist jeder, der es gelernt hat, auch gut allein sein zu können.

II. Konkrete Hilfe für Trauernde

1. Was ist zu tun, wenn Ihr Partner gestorben ist?

Die meisten Menschen sterben heutzutage in Pflegeheimen oder Krankenhäusern. Wenn ein Mensch zu Hause stirbt, stehen die Angehörigen vor einer schwierigen emotionalen Situation. Trotzdem sind dann zahlreiche Entscheidungen zu treffen.

So verhalten Sie sich richtig:
- Hat sich der Trauerfall in Ihrem Haus ereignet, sollten Sie umgehend den Hausarzt benachrichtigen.
- Der Tod eines Menschen lässt sich vom Laien nicht immer sofort auf den ersten Blick feststellen. Deshalb ist ein Notruf unter der Telefonnummer 112, besonders nach einem Unfall oder einer plötzlichen lebensbedrohenden Erkrankung, immer der erste Schritt, um gegebenenfalls lebensrettende Sofortmaßnahmen einleiten zu können. Beachten Sie, dass der Notruf einige wichtige Informationen enthalten sollte:
  - Sagen Sie Ihren Namen.
  - Schildern Sie kurz den Vorfall.
  - Beschreiben Sie kurz den Zustand der Person.
  - Geben Sie die Adresse an, zu der der Arzt kommen soll.
- Wenn der Arzt den Tod des Angehörigen festgestellt hat, stellt er einen *Totenschein* aus, der vor Ort bezahlt werden muss. Die Krankenkasse kommt hierfür nicht auf.
- Hat der Arzt Ihr Haus verlassen, sollten Sie mit dem Bestattungsunternehmen Ihres Vertrauens Kontakt aufnehmen. Die Beratung erfolgt häufig auch zu Hause im persönlichen Gespräch. Bestatter erledigen alle mit dem Trauerfall verbundenen Angelegenheiten und Formalitäten, sofern das gewünscht wird.
- Wie lange der Verstorbene bei Ihnen zu Hause bleibt, ist Ihre Entscheidung. Bis zu 36 Stunden sind gesetzlich erlaubt. Eine

Erdbestattung muss innerhalb von fünf Werktagen nach dem Tod erfolgen.

Beim Tod im Krankenhaus, Hospiz oder im Pflegeheim müssen Angehörige auch ein Bestattungsinstitut informieren. Im ersten Gespräch werden Ratschläge gegeben, was nun zu tun ist. Wichtig ist: Ihr Bestattungsunternehmen wird verschiedene Unterlagen benötigen. Dies sind im Einzelnen:

- Personalausweis der/des Verstorbenen,
- ärztlicher Totenschein bzw. Sterbeurkunde,
- Familienstammbuch oder Geburts- und Heiratsurkunde der/ des Verstorbenen,
- Lebensversicherungspolicen, sofern vorhanden,
- Rentenunterlagen, sofern vorhanden,
- Bestattungsvorsorgevertrag, soweit abgeschlossen,
- wichtige Vollmachten, sofern vorhanden.
- Für die Kirche bzw. den geistlichen Betreuer sollten Sie den Totenschein bzw. die Sterbeurkunde sowie den Taufschein, sofern vorhanden, bereithalten.

Natürlich gibt es weitaus mehr Stellen, die zu benachrichtigen sind. Viele dieser Stellen können Sie durch Ihr Bestattungsunternehmen verständigen lassen. Hierdurch kann Ihnen ein großer Aufwand abgenommen werden, der natürlich Extrakosten verursacht. Oft übernehmen gute Freunde auch organisatorische Dinge und entlasten damit Trauernde, die in dieser Ausnahmesituation den Kopf nicht frei haben, um zu entscheiden. Überhaupt haben Freunde eine wichtige Funktion, denn Trauernde sind im »Ausnahmezustand« und daher oft nicht entscheidungsfähig. Freunde aber haben den nötigen emotionalen Abstand, um alle anfallenden Entscheidungen kritisch zu hinterfragen und Kosten zu prüfen.

Die Stiftung Warentest hat eine Informationsschrift herausgegeben mit dem Titel »Was tun im Todesfall?«. Sie bietet Information und Anleitung zu den Themen: Der Todesfall, Bestattung, Trauer, Rechtes Vererben und Erben sowie Vorsorge, und schließt mit einer praktischen Checkliste für den Trauerfall sowie Buchtipps. Das Heft ist sehr schön gestaltet und eine sinnvolle Hilfe. Es ist erhältlich im Zeitschriftenhandel oder im Internet unter www.test.de. Auch die Verbraucher-Zentrale Hamburg hat einen Ratgeber für Bestattungsfragen herausgegeben: »Was tun, wenn jemand stirbt?«[34].

2. Das Unfassbare in Worte fassen

2.1. Todesanzeigen

Eine Todesanzeige zu entwerfen, die das Charakteristische eines Verstorbenen zum Ausdruck bringt, ist sehr schwer, denn sie kann kaum all das ausdrücken, was Trauernde zum Ausdruck bringen möchten.

In Traueranzeigen werden die Wertschätzung eines Verstorbenen und der Schmerz der Hinterbliebenen ausgedrückt. Sie sind persönlicher Ausdruck der Trauer. Bestatter können beim Verfassen einer Traueranzeige hilfreich zur Seite stehen. Sie verfügen über eine reichliche Auswahl an Mustertexten und Symbolen.

Wegen der Sprachlosigkeit im Trauerfall können Traueranzeigenvorlagen in einem Todesfall eine große Hilfe sein. Dennoch werden viele der vorformulierten Worte und angebotenen Möglichkeiten nicht zu dem Menschen passen, um den *Sie* trauern. Persönliche Worte oder ein Sinnspruch, der dem Verstorbenen wichtig war, sind meist stimmiger, denn der Mensch, um den getrauert wird, war eine einzigartige Persönlichkeit. Durch die Traueranzeige, die viele Menschen erreicht, können Sie dies auch anderen mitteilen.

Traueranzeigen werden immer häufiger auch in der Form einer *nachträglichen Bekanntgabe eines Todesfalls* verschickt unter Hinweis, die Beisetzung habe »in aller Stille« stattgefunden. Für diese Entwicklung gibt es unterschiedliche Gründe: Manche Trauernde fühlen sich am Tag der Beisetzung in ihrem Schmerz überfordert und wollen in dieser schweren Stunde möglichst wenigen Menschen begegnen. Sie sollten aber auch bedenken, dass Sie andere Menschen, denen der Verstorbene ebenfalls wichtig war, verletzen könnten, wenn sie von der letzten Möglichkeit des Abschiednehmens ausgeschlossen werden.

Nicht nur Angehörige haben die Möglichkeit, eine Traueranzeige aufzugeben. In Form eines *Nachrufs* können dies auch Arbeitgeber, Arbeitskollegen, Vereine oder Parteien, denen der Verstorbene nahestand, tun.

Traueranzeigen sind für gewöhnlich eine *»Laudatio«* auf den/die Verstorbene/n und Sie werden mir zustimmen, dass selten so geheuchelt wird wie in Traueranzeigen. Gelungen ist eine Traueranzeige, wenn sie menschlich bleibt und auf Übertreibungen verzichtet. Diejenigen, die den/die Tote/n genau kannten, entlarven eine zu dick aufgetragene Traueranzeige schnell als »überfettete Hühnerbrühe«. Deshalb ist es ratsam, realistisch zu bleiben und den Verstorbenen nicht zum Heiligen zu erklären.

Kabarettisten haben Todesanzeigen bereits aufs Korn genommen. Sie sehen darin eine Art »letztes Arbeitszeugnis«. Nach Beendigung seines Lebens wird dem Verstorbenen ein Lebenszeugnis ausgestellt. Natürlich sollte so ein letztes Zeugnis einen wahren Kern enthalten, der, genau wie bei irdischen Arbeitszeugnissen, mit gefälligen Formulierungen ausgedrückt wird.

Immer mehr Menschen möchten ihren »irdischen Abgang« nicht dem Zufall überlassen und planen alles detailgenau, was nach dem Tod wie geregelt werden soll. Die weitverbreitete Angst vor Kontrollverlust auch nach dem eigenen Tod treibt immer mehr Menschen dazu, bereits zu Lebzeiten eine eigene Todesanzeige und einen selbst formulierten Nachruf zu hinterlassen.

2.2. Beileidsbekundungen

Das Schwerste im Trauerfall ist, die richtigen Worte zu finden. Ausgedrücktes Mitgefühl ist wertvoll für Trauernde, sowohl mündlich wie auch schriftlich. Dies tröstet und zeigt auf, wie wichtig auch anderen der oder die Verstorbene und auch die Hinterbliebenen sind. Was ist zu tun? Gehen Sie auf den Trauernden zu und beachten Sie seine Reaktion. Sprechen und schauen Sie ihn an, reichen Sie ihm dabei die Hand. Vielleicht entscheiden Sie sich in der Situation auch für eine wortlose Umarmung.

Wer vom Tod eines Freundes, Kollegen oder Nachbarn hört, sollte den Angehörigen des Verstorbenen möglichst umgehend sein *Beileid* aussprechen. Ein persönlicher Brief ist für die Betroffenen wesentlich tröstlicher als eine gekaufte Karte.

Haben Sie keine Scheu zu sagen, dass Sie für den traurigen Anlass kaum Worte finden. Sätze wie: »Es tut mir so leid« oder »Es fällt mir so schwer, passende Worte zu finden«, können ebenfalls Ihre ehrliche Anteilnahme ausdrücken. Die Worte »Herzliches Beileid« sind mittlerweile veraltet, heute verwendet man persönlichere Formulierungen.

Grundsätzlich sollten Sie keine Gefühle signalisieren, die Sie nicht empfinden. Versuchen Sie Worte zu finden, die der Situation angemessen sind: »Ich kann mir vorstellen, dass es für Sie eine schwere Zeit ist« oder »Wahrscheinlich kann kaum jemand nachempfinden, wie traurig Sie sind«. Im Zweifel gilt: Ein von Herzen kommender Händedruck kann mehr aussagen als viele Worte, lieber keine Worte als die falschen.

Eine *Beileidsbekundung* kann mündlich oder schriftlich durch eine Kondolenzkarte, eine Gedenkanzeige in der Presse, ein Kondolenzbuch oder eine Kondolenzliste erfolgen. Jeder Empfänger einer Todesanzeige sollte sein Mitgefühl durch ein Kondolenzschreiben ausdrücken, besonders dann, wenn er nicht persönlich an der Trauerfeier teilnehmen kann. Weißes Briefpapier oder eine Doppelkarte mit Bild oder Text sowie ein Umschlag ohne schwarzen Rand werden für das Kondolenzschreiben verwendet. Beileidspost sollte immer in einem verschlossenen Umschlag, niemals als Fax oder E-Mail versandt werden. Finden Sie im Anschreiben persönliche Worte, Erinnerungen an den verstorbenen Menschen und vermeiden Sie leere Floskeln.

Kondolenzbesuche sind nicht immer erwünscht. Ein Kondolenzbesuch sollte nur kurz stattfinden. Eine vorherige Anmeldung sollte einem Besuch stets vorausgehen. Natürlich muss der Wunsch der Angehörigen respektiert werden, in dieser Phase lieber alleine zu sein. Bei einem Besuch empfiehlt sich gedeckte, nicht unbedingt schwarze Kleidung. Nehmen Sie es nicht übel, wenn sich der Trauernde vertreten lässt, abweisend reagiert, ununterbrochen spricht oder nur weint. Jede Trauerreaktion ist normal, selbst bei Abweisung wird Ihre Wertschätzung wahrgenommen.

Für diejenigen, die ihr Beileid ausdrücken möchten, aber nicht die richtigen Worte finden, gibt es Portale im Internet, in denen man gegen Gebühr Vorlagen für Kondolenzbriefe, Nachrufe oder eine Trauerrede findet (z. B. www.kondolenz.info).

Darüber hinaus bieten Bestatter inzwischen einen *Kondolenzservice* an. Gegen Gebühr übernehmen Bestatter die Gestaltung und Veröffentlichung von Nachrufen, Kondolenzbriefen und Trauerreden.

2.3. Danksagungen

Drei bis vier Wochen nach dem Tode sollten Sie sich als Hinterbliebene für die Beileidsbezeigungen bedanken. Dafür gibt es folgende Möglichkeiten:

● eine Danksagung in den Tageszeitungen,
● gedruckte Karten oder Briefe (wie Trauerbriefe),
● handschriftliche Danksagung für besondere Freunde.

Es hat sich weitgehend durchgesetzt, dass Zeitungsanzeigen in Auftrag gegeben werden, wenn die nächsten Angehörigen den Bekanntenkreis des/der Verstorbenen nicht kennen und die Adressen nicht recherchieren können. Der Versand gedruckter Danksagungen ist dagegen höflicher und persönlicher, besonders dann, wenn die Empfänger der Danksagungen persönlich kondoliert haben. Auch für das Verfassen von Danksagungen gibt es Vorlagen. Vielfach übernimmt das auch der Bestatter.

Den anwesenden Bekannten bei der Trauerfeier dankt man, dass sie »dem Verstorbenen das letzte Geleit gaben«. Der Text aller Danksagungen, ob bei Zeitungsanzeige, Karte oder Brief (wie Trauerbrief), sollte möglichst persönlich abgefasst sein. Besonders persönlich ist es, wenn die gedruckten Danksagungen persönlich unterschrieben werden oder wenn die persönliche Unterschrift gedruckt wird.

Beispiele für Danksagungstexte

- Allen, die sich in stiller Trauer mit uns verbunden fühlen und ihre liebevolle Anteilnahme auf so vielfältige Art zum Ausdruck brachten, danke/n ich/wir von Herzen.

- Allen, die beim Heimgang unseres lieben Verstorbenen ihre Anteilnahme und Verbundenheit auf vielfältige Art bekundeten, spreche ich meinen herzlichen Dank aus.

- Es ist so schwer, einen lieben Menschen zu verlieren; es ist wohltuend, so viel Anteilnahme zu empfangen. Dafür danke ich von Herzen.

- Danke für das tröstende Wort, gesprochen oder geschrieben; für einen Händedruck, wenn Worte fehlten; für alle Zeichen der Liebe und Freundschaft; für ein stilles Gebet. Die vielen Beweise der Anteilnahme waren uns ein Trost in den schweren Stunden.

- Für die mitfühlende Anteilnahme, die uns beim Heimgang meines geliebten Mannes durch Wort, Schrift, Kranz- und Blumenspenden zuteil wurde, sowie allen, die ihm das letzte Geleit gaben, sagen wir unseren herzlichen Dank.

- Für die vielen Beweise herzlicher Anteilnahme durch Wort, Schrift, Geld-, Kranz- und Blumenspenden sowie allen, die meinem Mann das letzte Geleit gaben, sage ich auf diesem Wege aufrichtigen Dank.

- Herzlichen Dank allen, die meinen lieben Mann auf seinem letzten Weg begleiteten, ihn durch Blumen, Kränze und Geldspenden ehrten und mir durch Wort und Schrift ihre Anteilnahme bekundeten. Die damit zum Ausdruck gebrachte Verbundenheit hat mich tief bewegt.

3. Weiterführende Literatur

3.1. Trauer im Allgemeinen

Bauer, Angelika: Plötzlich ist es still, BoD, Books on Demand, Norderstedt 2003.

Bohrer, Karl-Heinz: Der Abschied – Theorie der Trauer, Suhrkamp, Frankfurt 1996.

Gerstberger, Beatrix: Keine Zeit zum Abschiednehmen, Marion von Schröder Verlag, Berlin 2003.

Goldbrunner, Hans: Trauer und Beziehung, Matthias-Grünewald-Verlag, Ostfildern 1996.

Görke-Sauer, Martina: Im Land der Trauer – Abschiedsrituale, Patmos, Düsseldorf 2006.

Hatzfeld, Angelika: Und plötzlich bist Du allein – Leben nach dem Tod des Partners, Europa Verlag, Hamburg 2003.

Kast, Verena: Aufbrechen und Vertrauen finden – Die kreative Kraft der Hoffnung, Herder, Freiburg 2001.

Kast, Verena: Sich einlassen und loslassen, Herder, Freiburg 2005.

Lamp, Ida und Thomas Meurer: Abschied, Trauer, Neubeginn – Erfahrungen mit Tod und Trauer, Butzon und Bercker, Kevelaer 1997.

Lohner, Marlene: Plötzlich allein – Frauen nach dem Tod des Partners, Fischer Verlag, Frankfurt a. M. 1986.

Lord Janice, Harris: Nicht einmal ein Abschiedswort, Verlag Kreuz, Stuttgart 1999.

Lord Janice, Harris: Trauer nach einem unerwarteten Todesfall, Verlag Kreuz, Stuttgart 1999.

Lukas, Elisabeth: Verlust und Gewinn – Logotherapie bei Beziehungskrisen und Abschiedsschmerz, Profil, München 2002.

Otzelsberger, Manfred: Suizid. Das Trauma der Hinterbliebenen, Ch. Links Verlag, Berlin 1999.

Paul, Chris: Warum hast du uns das angetan? Gütersloher TB 989, 1998.

Pertim, Enna: Abschied heißt nicht Ende, Herder Verlag, Freiburg 1997.

Rey, Karl G.: Du fehlst mir so sehr, Kösel-Verlag, München 1998.

Schlegel-Holzmann, Uta: Kein Abend mehr zu zweit – Familienstand: Witwe, Gütersloher Verlagshaus, Gütersloh ⁹2006.

Thomas, Johannes: Im Schatten deines Todes – Wege durch die Trauer nach einem Suizid, Gütersloher Verlagshaus, Gütersloh 2004.

Zelinsky, Gertrud: Freude ist wieder möglich. Was trauernde Frauen voneinander lernen können, Verlag Nymphenburger, München 2006.

3.2. Demenz

Feth, Monika: Die grauen und die blauen Tage, Verlag Omnibus, München 1999.

Tönnies, Inga: Abschied zu Lebzeiten – Wie Angehörige mit Demenzerkrankten leben (Balance Erfahrungen), Balance Buch und Medien, Bonn 2007.

3.3. Koma

Bock, Wolfgang J. und Christel Bienstein: Bewusstlos, eine Herausforderung für Angehörige, Pflegende und Ärzte, Verlag Selbstbestimmtes Leben, Düsseldorf, ²1994.

Goshen-Gottstein, Esther: Rufe ins Schweigen, Roman, Bastei-Lübbe-Taschenbuch, Bergisch Gladbach 1993.

Greif, C.: Philipp, 9 Jahre Unfallopfer. Kampf um ein Kind, Roman, C. H. Beck Verlag, München 1998.

Stöhr, Manfred, Thomas Brandt und Karl M. Einhäupl: Neurologische Syndrome in der Intensivmedizin. Differentialdiagnose und Akuttherapie, Kohlhammer, Stuttgart 1998.

Tavalaro, Julia und Richard Tayson: Bis auf den Grund des Ozeans (Herder Spektrum), Herder Verlag, Freiburg 1998.

3.4. Selbsthilfegruppen, Trauergesprächskreise, Trauerseminare

Chris, Paul: Neue Wege in der Trauer- und Sterbebegleitung: Hintergründe und Erfahrungsberichte für die Praxis, Gütersloher Verl.-Haus, Gütersloh 2001.

Smeding, Ruthmarijke und Margarete Heitkönig-Wilp: Trauer erschließen – eine Tafel der Gezeiten. Der Hospiz Verlag, Wuppertal 2005.

TrauerInstitut Deutschland e.V. (Hrsg.): Qualität in der Trauerbegleitung. Dokumentation der 2. NRW-Trauerkonferenz. Der Hospiz Verlag, Wuppertal 2003.

4. Nützliche Adressen

4.1. Seminare und Schulungen für den Umgang mit Demenzerkrankten

Seminar Lichtpunkte zur Gewinnung und Schulung ehrenamtlich tätiger Menschen bei der Familienbildungsstätte
www.fbs-herten.de
Ehrenamtlicher Dienst – Lichtpunkte – beim Caritas-Verband
www.caritas-herten.de
Schulung von Angehörigen und Ehrenamtlern bei der AWO,
www.awo-herten.de

4.2. Selbsthilfegruppen

www.verwitwet.de (Adressen von Selbsthilfegruppen, Büchertipps, Chat)
www.trauernetz.de
Die Evangelische Kirche im Rheinland bietet mit dieser Website Gebete, Meditation, Musik und Gedichte zum Trauern, Loslassen und Weinen an, ergänzt mit Kontaktadressen im Rheinland und Buchtipps zu Trauer und Abschied.
www.trauer.org
Das Trauerportal der Katholischen Erwachsenenbildung www.trauer.org bietet im Internet Online-Trauerseminare an. Aufgrund des großen Erfolges und der hohen Nachfrage wird das Angebot der Katholischen Erwachsenenbildung nun um ein weiteres Seminar erweitert. »Einen geliebten Menschen verlieren« heißt das neue Online-Seminar. In einem passwortgeschützten Seminarraum lernen Trauernde, unter Leitung des Dipl. Theologen und Dipl. Sozialarbeiters Adolf Pfeiffer, die verschiedenen Aspekte der Trauerarbeit kennen und haben die Möglichkeit, sich über eigene Trauererfahrungen auszutauschen. Das Seminar dauert sechs Monate und kostet 8 € im Monat. Anmeldungen für das Seminar über die Website www.trauer.org. Nähere Informationen zum Seminarangebot finden Sie ebenfalls auf der Seite. Gerne steht Ihnen das Team www.trauer.org auch per Mail (team@trauer.org) für Nachfragen zur Verfügung. Weitere Informationen über Trauerseminare bei der Kath. Erwachsenenbildung Koblenz, Markstraße 1, Telefon 0261/3 56 63 oder über E-Mail pfeiffer@trauer.org.
www.nicolaidis-stiftung.de
Nicolaidis Stiftung GmbH
www.tabea-ev.de

4.3. Trauertelefon

Telefonhilfe für Trauernde: Unter der Nummer 0700/70 400 400 hat die Hilfs-organisation »Lebensquelle Trauer« in Haan ein bundesweites Trauertelefon eingerichtet. Anrufer können mit ausgebildeten Trauerbegleitern über ihre per-sönliche Situation reden. Der Service informiert auch über Selbsthilfegruppen. Die Mitarbeiter des Trauertelefons arbeiten ehrenamtlich. Anrufern entstehen außer den Telefongebühren (maximal 12 Cent pro Minute) keine weiteren Kos-ten.

4.4. Professionelle Trauerbegleitung

Akademie für Menschliche Begleitung, Jorgos Canacakis, 45134 Essen, Goldammerweg 9, Telefon 0201/442 469, Fax 0201/471 800, www.canacakis.de, E-Mail: mail@canacakis.de, Seminare in Deutschland, Österreich, der Schweiz und Griechenland.

Institut für Trauerarbeit (ITA), Esplanade 15, 20354 Hamburg, Telefon 040/355 056-33, Fax 040/357 187 67, Das ITA organisiert Trauergruppen und nebenberufliche Trauerbegleiter-Ausbildungen.

Pütz-Roth Bestattungen und Trauerbegleitung, Private Trauer Akademie, Kürtener Str. 10, 51465 Bergisch Gladbach, Telefon 02202/93 58 0, E-Mail: info@puetz-roth.de, info@trauerakademie.de

Hospiz-Akademie Bamberg, Lobenhofferstr. 10, 96049 Bamberg, Telefon 0951/955 07 22, E-Mail: kontakt@hospiz-akademie.de, www.hospiz-akademie.de

Trauerakademie Rhein-Neckar e.V.,Günter Schroth, Im Mühlhölzle 7, 69168 Wiesloch, Telefon 06222/50 21 4, kontakt@trauer-akademie.de

Stiftung Trauerbegleitung und Bestattungskultur Hannover und Nieder-sachsen, Limmerstraße 74, 30451 Hannover, Telefon 0511/1234-494, E-Mail: mail@stiftung-trauerbegleitung.de, Internet: www.stiftung-trauerbegleitung.de

GAP Psychologische Beratungsstelle Kassel, Herkulesstraße 63, 34119 Kassel, Telefon 0561/739 66, Mo und Fr von 13.30 bis 14.30 Uhr, E-Mail: info@gap-pb-kassel.de

Zentrum für Trauerbegleitung und Lebenshilfe e.V., Gitterseestraße 24, 01187 Dresden, Telefon 0351/470 80 75, E-Mail: info@ztl-trauerbegleitung.de

Professionelle Trauerbegleitung im Bestattungshaus Frankenheim, Münster-str. 77, 40476 Düsseldorf-Derendorf, in geschlossenen Gesprächskreisen mit einer Gruppengröße von 12 bis 15 Personen. Sie finden in einem zwei-wöchigen Rhythmus innerhalb eines halben Jahres statt. Begleitet werden Trauernde durch ausgebildete Trauerbegleiter, Herr Claus Frankenheim (Supervisor DGSv* und Trauerbegleiter AMB), Herr Peter Bolthausen

(Diplom Theologe) oder Herr Andreas Laurit (Trauerbegleiter TID e.V. /
ALPHA Rheinland). Die Teilnahme ist kostenfrei.
T.A.B.U. Trauer- und Lebensberatungsstelle in Essen, Goethestr. 1,
45128 Essen, Telefon 0201/32 87 77 und 0201/ 32 72 57,
E-Mail: tabu-team@online.de

4.5. Hilfen nach Suizid

TABU, Tiegelstr. 23, 45141 Essen, Telefon 02 01/32 87 77,
Fax 02 01/8 32 53 68
Internet: www.tabu-team.de, E-Mail: tabu-team@online.de
Arbeitsgemeinschaft »Familie«, Diözesanstelle, Jakobsplatz 9,
96049 Bamberg
Telefon 0951/502 626, Gruppentreffen jeden vierten Freitag im Monat
AGUS e.V., Angehörigengruppe um Suizid, Wilhelmsplatz 2,
95444 Bayreuth, Telefon 0921/15 00 380,
E-Mail: AGUS-Selbsthilfe@t-online, Internet: www.agus-selbsthilfe.de
AGUS-Augsburg, Selbsthilfegruppe nach Suizid,
E-Mail: heinzula@worldonline.de, Internet: http://www.agus-augsburg.de
AGUS – Angehörige um Suizid, im Selbsthilfe-Zentrum Neukölln-Rixdorf in
Berlin, www.selbsthilfe-neukoelln.de,
E-Mail: selbsthilfe.rixdorf@berlin.de
Arbeitsgemeinschaft der Arbeitskreise Leben in Baden-Württemberg,
Stuttgart
http://www.ak-leben.de, E-Mail: akl-stuttgart@t-online.de
Arche, Beratungsstelle für Krisenintervention und Suizidintervention,
München, Telefon 089/334 041, Fax 089/395 354
Telefonseelsorge, Kostenlose Telefonverbindung bundesweit: 0800/111 0 111
oder 0800/111 0 222

Weitere Informationen finden Sie unter

www.suizidprophylaxe.de
www.suizidpraevention-deutschland.de

4.6. Gesprächskreise für Trauernde

4.6.1. Regionale Trauergruppen in kirchlicher Trägerschaft

4.6.1.1. Trauerangebote in NRW

Bensberg
- Gesprächskreise für Trauernde, Pfarrbüro Bensberg, Telefon 02204/587 70, E-Mail: pfarrbuero-bensberg@kirche-bensberg.de

Bielefeld
- Gesprächskreise für Trauernde und Trauernde Eltern – Haus Salem
- Wegbegleitung für Trauernde – Johanneswerk e.v. Bielefeld

Duisburg
- Trauergruppen und -begleitung – die Angebote finden Sie unter der Rubrik: Fachbereich 3 – Kursprogramm Süd

Düsseldorf
- Flingern: Trauercafé – Evangelisches Gemeindezentrum Pestalozzihaus: »Café Matthäi« – Sonntagscafé für Trauernde an jedem dritten Sonntag im Monat, von 15 bis 17 Uhr im Gemeindezentrum Pestalozzihaus der Evangelischen Matthäi-Kirchengemeinde, Grafenberger Allee 186, Flingern. Informationen/Ansprechpartnerinnen: Pfarrerin Doris Taschner, Telefon 0211/68 61 22, Gemeindeschwester und Trauerberaterin Kiaudia Zepuntke, Telefon 0211/68 42 80
- Lichtenbroich: Jeden ersten Dienstag im Monat, 19 Uhr, evangelische Matthiaskirche, Matthiaskirchweg 14. Informationen/Ansprechpartner: Pfarrer Wilfried Hörri, Telefon 0211/4 23 04 55
  Diakonin Andrea Faust, Telefon 0211/6 02 73 79
- Unterrath: Einmal im Monat donnerstags, 17 bis 19 Uhr, Gemeindehaus der evangelischen Pauluskirche, Diezelweg 55. Informationen/Ansprechpartner: Pfarrer Bodo Kaiser, Telefon 0211/42 50 37
  Trauerbegleiterin Heike Schaaf, Telefon 02111/42 88 44

Essen
- Angebote für Trauernde – in der Evangelischen Kirchengemeinde in Essen Rellinghausen

Euskirchen
- Netzwerk im Kreis Euskirchen für Sterbebegleitung und Trauerarbeit NEST e.V.
- Café Insel der Caritas, Frauenberger Straße 2–4, 53879 Euskirchen, Kath. Bildungswerk im Kreis Euskirchen, Kontakt: Wolfgang Stutzinger, Telefon 0228/429 79-104 od. -125

Hennef
- Gesprächskreis für Trauernde, Ort: Residenz Hennef, Zeit: 15.30 bis 17.00 Uhr, an jedem ersten Mittwoch im Monat findet im Clubraum ein Gesprächskreis für Trauernde statt. Begleitet wird er von ehrenamtlichen Mitarbeitern der Initiative »Lebenskreis« und einer Mitarbeiterin unseres Hauses.

Hattingen
- Trauerarbeit Hattingen e.V.

Herne
- Evangelische Beratungsstelle Herne

Krefeld
- Gesprächsgruppen für Trauernde – die Angebote stehen in der Rubrik: »Ich und die Anderen ... Trauerwege«

Leverkusen
- Kirchenkreis Leverkusen
- Offener Treff für Trauernde (jeden dritten Montag im Monat, 18 Uhr), Ev. Gemeindehaus Opladen, Bielertstr. 14, Leverkusen-Opladen
- Stammtisch für Trauernde jeden ersten Montag im Monat, 12.30 Uhr, Restaurant Mezza Notte, Altstadtstr. 4, Leverkusen-Opladen
- Einzelgespräche für Trauernde (Termin nach Absprache), Trauerberaterin Lene Knudsen-Böke, Telefon 02171/51 999. In Leichlingen: Mitarbeiterinnen des Ökumenischen Hospizes Leichlingen. Ansprechpartnerin: Renate Huppertz, Telefon 02175/882 311. Die Gesprächsangebote sind kostenfrei.
- Begegnungsstätte auf dem Friedhof Reuschenberg: Auf dem Friedhof Reuschenberg finden Sie ab Ende November 2006 eine Begegnungsstätte für Trauernde. Der Pavillon Tikkurila (aus dem finnischen Dorf der Landesgartenschau Leverkusen) befindet sich in unmittelbarer Nähe der Friedhofskapelle. Sie sind herzlich eingeladen zu Kaffee oder Tee und zu Gesprächen mit den Mitarbeitenden aus unserem Trauerkreis. Öffnungszeiten: Mittwoch und Sonntag 13.30 bis 16.30 Uhr. Kontakt: Lene Knudsen-Böke, Hubert Böke, Telefon 0 21 71/51 999

Mühlheim an der Ruhr
- Kirchenkreis An der Ruhr / Mülheim

Overath
- Gesprächskreis für Trauernde in Overath: Gemeindezentrum Versöhnungskirche. Den Gesprächskreis leitet die Lebens- und Trauerbegleiterin Ilona Arnold in Zusammenarbeit mit dem Förderkreis »Das Boot«. Für Overather und Bürger aus den direkt angrenzenden Gebieten ist die Teilnahme kostenlos, um eine freiwillige Spende wird gebeten. Anmeldung bei Ilona Arnold, Telefon 02206/90 97 57.

Paderborn
- http://www.beistand-bei-trauer.de/ – Martin Möllmann, Diplom Religionspädagoge und Trauerbegleiter VFP

Winterberg
- Trauerbegleitung – Bildungsstätte St. Bonifatius in Winterberg-Elkeringhausen

Wuppertal
- Lutherstift – Sterbebegleitung und Trauercafé in Wuppertal Elberfeld, Pastorin für Trauerarbeit Renate Schatz

4.6.1.2. Trauerangebote in Baden-Württemberg

Bietigheim-Bissingen

- Gesprächskreis »In der Trauer nicht allein«, 74321 Bietigheim-Bissingen, Kontakt: Caritas-Zentrum Ludwigsburg und Diakonisches Werk, Telefon 07142/91 35-0

Esslingen

- »Silberstreif« – Treffpunkt für Trauernde, Adresse: Café Kiefer, Blumenstr. 45, 73728 Esslingen, Kontakt: Kath. Bildungswerk, Monika Koplin, Telefon 0711/382 174

Freiburg

- Hilfen für Trauernde, Gesprächskreis für Trauernde, Heinrich-Hansjakob-Haus, Talstraße 29, 79102 Freiburg, Telefon 07 61/7 03 13-0, E-Mail: info@heinrich-hansjakob-haus.de

Heilbronn

- Begegnungs- und Brezelcafé, 74072 Heilbronn, Kontakt: Gesprächsgruppen für Trauernde, Telefon 07131/642 90 61

Herrenberg

- Ökumenische Hospizgruppe Herrenberg, Adresse: Ökumenische Hospizgruppe Herrenberg, Hildrizhausener Str. 29, 71083 Herrenberg, Kontakt: Telefon 07032/206 219, E-Mail: hospiz@evdiak.de, http://www.hospiz-herrenberg.de

Ludwigsburg

- Begleitung auf dem Weg durch die Trauer, Adresse: Kath. Kirchengemeinden zur Hl. Dreieinigkeit, St. Josef, St. Elisabeth, 71634 Ludwigsburg, Telefon 07141/48 88 63
- Trauercafé – Gespräche für Trauernde, Ort: ELISA Seniorenstift Thouretallee 3, Ludwigsburg, Ansprechpartnerinnen: Ursula Ruhle, Telefon 07141/ 5 53 31, Martha Stamm, Telefon 07141/8 49 63

Mannheim

- Gesprächskreise für Menschen, die ihre/n Partner/in durch den Tod verloren haben, Kontakt: Caritas-Konferenzen im Dekanat Mannheim, 68159 Mannheim, Telefon 0621/126 02 31 oder 0621/270 16

Radolfzell

- Offene Gesprächsrunde für Trauernde (Trauergruppe), Adresse: Haus der Diakonie, Tegginger Str. 16, 78315 Radolfzell

Stuttgart

- Akademie der Diözese Rottenburg-Stuttgart, Tagungszentrum Hohenheim, Paracelsusstr. 91, 70599 Stuttgart

Waldshut-Tiengen

- Ökumenischer Hospizdienst Hochrhein e.V., Adresse: Ökum. Hospizdienst Hochrhein e.V., Rheinstr. 55, 79761 Waldshut-Tiengen, Kontakt: Edith Korol, Telefon 07751/802 333, E-Mail: info.waldshut@hospiz-bw.de, http://hochrhein.hospiz-bw.de

4.6.1.3. Trauerangebote in Rheinland-Pfalz

Hassloch-Deidesheim
- Trauergesprächsgruppen in 67146 Hassloch-Deidesheim, Telefon 06231/ 804 61 oder 06232/820 37

Speyer
- Trauerbegleitung in Gruppen, Trauerseminare: 67346 Speyer (Rheinland-Pfalz), Kontakt: Bischöfliches Ordinariat Speyer, Referat Trauerbegleitung, Telefon 0631/363 82 65

4.6.2. Regionale Trauergruppen in freier Trägerschaft

Aachen
- Trauergruppe für Witwen und Witwer, Kontaktstelle: AKIS – Aachener Kontakt- u. Informationsstelle für Selbsthilfe an der VHS, Ottostr. 88, 52070 Aachen, Öffnungszeiten: Di: 11 bis 14 Uhr; Mi: 15.30 bis 18.30 Uhr; Do: 9.30 bis 12.30 Uhr, Telefon: 02 41/4 90 09 und 400 95 84, Elmar.Burger@akis-aachen.de

Bochum
- Selbsthilfe-Büro Bochum, Alsenstr. 19a, 44789 Bochum, Tel. 0234/588 070 7, www.selbsthilfe-bochum.de, E-Mail: selbsthilfe-bochum@paritaet-nrw.org kontakt@selbsthilfe-bochum.de, Telefonzeiten: Mo, Di und Mi: 15.00 bis 17.00 Uhr; Do: 10.00 bis 12.00 Uhr und 15.00 bis 19.00 Uhr und Termine nach Vereinbarung
- TrauerTreffPunkt, Stresemannstraße 12, 44866 Bochum, Tel.02327/30 9950, E-Mail: trauertreff.wattenscheid@freenet.de
- TrauerTreff des Hospizvereins Düsseldorf Nord e.V. im Bestattungshaus Frankenheim, Münsterstraße 77, 40476 Düsseldorf-Derendorf, Telefon 0211/ 9 48 48 48. Der Hospizverein Düsseldorf Nord e.V. bietet Menschen in Trauer einen »TrauerTreff« an, der 14-tägig im Herbst/Winter und 4-wöchentlich im Sommer donnerstags zwischen 16 und 18 Uhr in den Räumen des Bestattungshauses Frankenheim stattfindet. Menschen in Trauer haben hier Gelegenheit zur Begegnung und zu Gesprächen mit anderen Menschen in Trauer. Ausgebildete Trauerbegleiter betreuen den TrauerTreff, haben Zeit für Sie und hören Ihnen gerne zu. Die Teilnahme ist kostenlos. Eine Anmeldung ist nicht erforderlich.
- Offener Trauertreff: Kolpingstraße 13, 42103 Wuppertal, Telefon 0202/3 89 03 –69/70

Essen
- Trauergruppe des Hospiz Essen Steele e.V., Hellweg 102, 45276 Essen, Tel. 0201/8 05 27 03, E-Mail: info@hospiz-essen.de, www.hospiz-essen.de

Euskirchen
- Trauerbegleitung/Heilsamer Umgang mit Trauer, Selbsthilfebüro Euskirchen, Gruppensprecherin Frau Corell, Mittwoch 10.00 bis 13.00 Uhr, Am Schwalbenberg 3, 53879 Euskirchen, Telefon 02251/702 58 17, Telefonzei-

ten: Mo, Di und Mi: 15.00 bis 17.00 Uhr; Do: 10.00 bis 12.00 Uhr und 15.00 bis 19.00 Uhr und Termine nach Vereinbarung

Gummersbach

- Lebensspuren – Gesprächskreis zur Begleitung Trauernder Gummersbach. Die Gruppenleiterin, durch eigene Verlusterfahrung selbst betroffen, ist in Gesprächsführung und Trauerbegleitung ausgebildet. Kontakt: Margit Starkey, Langwiese 16, 51588 Nümbrecht-Garderoth, Telefon 0 22 93/90 28 65 AB, Treffen 14-tägig im Ev. Gemeindezentrum Steinenbrück, Bickenbachstr. 5, 51643 Gummersbach-Steinenbrück.

Leverkusen

- Offener Trauertreff, Hospiz Leverkusen e. V., Otto-Grimm-Str. 9, 51373 Leverkusen, Ansprechpartner: Karl-Heinz Klook-Eimermacher, Telefon 0214/ 40 21 69, www.hospiz-leverkusen.de, E-Mail: info@hospiz-leverkusen.de

Minden-Lübbecke (Kreis): Bad Oeynhausen

- Trauergruppe »Trauercafé«: Selbsthilfe-Kontaktstelle für den Kreis Minden-Lübbecke, Simeonstr. 19, 32423 Minden, Sprechzeiten: Mo., Di., Do. 9.00 bis 12.00 und Do. 14.00 bis 17.00 Uhr.

Oberhausen

- TrauerCafé Oberhausen, Beethovenstr. 7, 46145 Oberhausen, www.trauerkurs.de, Ansprechpartner: Stubbe-Ortmann, Cordula, Telefon 0208/60 38 00, E-Mail: voss.stubbe@mailkost.de, Treffen: Jeden 1. Freitag im Monat, 15 bis 17 Uhr, Steinbrinkstr. 156 (Tagesstätte der ev. Friedenskirche), 46145 Oberhausen

Rheda-Wiedenbrück

- Trauergesprächskreis, Kontakt: BIGS Bürgerinformation Gesundheit und Selbsthilfekontaktstelle im Kreis Gütersloh, Blessenstätte 1, 33330 Gütersloh, Telefon 05241/82 35 86, E-Mail: bigs@gtelnet.net, www.bigs-guetersloh.de, Di und Do 11.00 bis 13.30 Uhr und 14.30 bis 18.00 Uhr, Mi und Fr 11.00 bis 13.30 Uhr

Rheine

- Trauergesprächskreis Rheine, Ansprechpartner: Ursula Siemer-Evers, Telefon 05971/91 20 03, Treffen jeden 1. Donnerstag im Monat 20.00 bis 21.30 Uhr, Familienbildungsstätte, Lingener Straße 11, 48429 Rheine

Saerbeck

- Trauercafe Saerbeck, Kontaktstelle: Netzwerk Selbsthilfe und Ehrenamt, Kontakt- und Koordinierungsstelle für Selbsthilfe und bürgerschaftliches Engagement im Kreis Steinfurt, Am Markt 2–4, 48282 Emsdetten, Telefon 02572/9 60 16 84, Öffnungszeiten: Di., Mi.: 10.00 bis 12.00 + 14.00 bis 16.00; Do.: 13.00 bis 17.00; Fr.: 10.00 bis 12.00 Uhr, E-Mail: netzwerksteinfurt@t-online.de, www.netzwerkselbsthilfeundehrenamt.de

Warendorf

- Gesprächskreis Trauernder, Selbsthilfe-Kontaktstelle Kreis Warendorf, Zeppelinstr. 63, 59229 Ahlen, Telefon 02382/70 99-20, E-Mail: kiss-kreiswarendorf@paritaet-nrw.org, Öffnungszeiten: Mo + Mi: 9.00 bis 12.00 Uhr,

Di: 9.00 bis 12.00 Uhr + 14.00 bis 15.30 Uhr; Do: 9.00 bis 12.00 Uhr + 15.00 bis 17.00 Uhr.

Wiehl

- Trauercafé in Wiehl: Das Café ist jeden 1. und 3. Donnerstag im Monat von 18:00 bis 22:00 Uhr in den Räumen der Tagespflege des Johanniter-Hauses in Wiehl geöffnet. Kontakt: Malteser Hospizgruppe Wiehl, Tel. 02262/92 010 Ulrike Stöcker, Koordinatorin für Trauerarbeit, Telefon 02262/970 133

Hamburg

- Trauerarbeit auf dem Wasser – ein Angebot für alle, die sich nach einem Verlust etwas Heilsames gönnen wollen mit Piet Morgenbrodt in Hamburg
- Am-Rand-der-Zeit – Abschiede gestalten, Trauer durchleben, Neues wagen mit Diplom-Psychologin Annette-Susanne Hecker

Kaarst

- Hospiz Bewegung Kaarst e.V. – Eltern-, Kinder- und Erwachsenentrauergruppen; Angebot für Kindergärten: Sterben, Tod und Trauer »pantomimisch vorgetragen«

Karlsruhe

- Trauerbegleitung – Friedhof Karlsruhe

Krefeld

- Trauergruppen für Frauen in Krefeld
- Trauergruppen für Männer in Krefeld
- Trauergruppen für Menschen ab 60 in Krefeld

Köln

- Förderverein Hospiz Köln-Porz e.V., Ambulante Begleitung für Sterbende und Angehörige sowie Trauernde, Mo-Fr 9 bis 11 Uhr, Leuschhof 25, 51145 Köln, Telefon 02203/699 39 83, www.hospiz-koeln-porz.de, E-Mail: info@hospiz-koeln-porz.de
- Offener Gesprächskreis für Trauernde in Porz: Hospiz an St. Bartholomäus, Am Leuschhof 25, 51145 Köln, Telefon 02203/699 398 31, jeden 2. und 4. Mittwoch im Monat um 15 Uhr
- Offene Trauergruppe zum Austausch, jeden 1. und 3. Montag im Monat, 18 Uhr 30, Treffen unter psychologischer Begleitung im TrauerHaus, Mauritiussteinweg 110; Beginn der Gruppen- oder Einzelbegleitungen mit einem Vorgespräch; die Kosten belaufen sich für 6 Abende auf € 90,-, Einzelgespräche nach Absprache mit dem Klienten. Info Telefon 0221/234 55 57, http://www.trauerhaus.de
- Brückenschlag e.V., Regionalgruppe der IGSL Internationale Gesellschaft für Sterbebegleitung u. Lebensbeistand, Marzellenstr. 23, Telefon 0221/139 30 12
- Trauerbegleitung/Trauergruppe der BestattungsGenossenschaft Begleitung eG: Jeden Donnerstag von 18 bis 20 Uhr kommt die Trauergruppe unter der Leitung der Sozialpädagogin Sabine Kessler zusammen. Die Teilnahme an der Trauergruppe kostet € 12.50,–. Mitglieder erhalten 10 % Rabatt. Außer dieser Trauergruppe bietet die Genossenschaft Männergruppen an. Dazu be-

darf es der Voranmeldung: Köln, Telefon 0221/931 84 90, Bonn, Telefon 0228/538 74 44, E-Mail: genossenschaft@begleitung-eg.de

Paderborn

- Trauerarbeit Paderborn e.V. – www.Trauerarbeit-Paderborn.de (der gemeinnützige Verein bietet regelmäßig Trauergruppen an. Auskunft erteilt gerne Dieter Sauerbier, Telefon 02951/98 24-0).

Stendal

- Trauercafé: Der Ambulante Hospizdienst in Stendal bietet ein Trauercafé alle acht Wochen an. Es ist ein offenes Treffen. Termine und weitere Informationen sind zu erfragen bei: Ambulanter Hospizdienst in Stendal, Wendstr. 14, Frau Annette Blasczyk.

Thüringen

- Trauernetzwerk Thüringen – Hospiz Thüringen e.V. Die Landesarbeitsgemeinschaft ist ein Zusammenschluss heimischer Hospizdienste, die medizinische, pflegerische, seelische und soziale Betreuung und Begleitung für sterbende Menschen und ihre Angehörigen leisten. Die Seiten informieren auch über das Trauernetzwerk, über vielfältige, örtliche Beratungs- und Behandlungsangebote für Trauernde. Ferner wird über Fortbildungsangebote für in der Hospizbewegung Tätige berichtet. http://www.hospiz-thueringen.de

Quellen

1. Heinrich Böll zugeschrieben.
2. Weischedel, Wilhlem: »Abschiedlich leben«, in:
   http://www.katholisch.internetseelsorge.de/archiv/is-plattform-trauer/
   is-trauer-trauerkultur.html
   Google: »Abschiedlich leben«
3. Das Alte Testament: Der Prediger Salomo (Kohelet) 3,1–4 (nach der deutschen Übersetzung Martin Luthers in der revidierten Fassung von 1984, Stuttgart 1999)
4. Hesse, Hermann: »Stufen« aus: Das Glasperlenspiel, Suhrkamp, Frankfurt 1965, S. 486f.
5. Das Neue Testament, Johannes-Evangelium 5,8, vgl. Anm. 2.
6. Das Neue Testament, Matthäus-Evangelium 28,20, vgl. Anm. 2.
7. Deutsches Ärzteblatt 2006, 103(18): A 1222–1226 in
   www.aerzteblatt.de/v4/archiv/artikel.asp?id=51279
   Google: Deutsches Ärzteblatt Suizidraten
8. www.lebensalltag.net/ausloesefaktoren%20fuer%20suizid.htm
   Google: Motive für Suizid
9. http://www.demenz-rlp.de/html/demenz_stadien.html
   Google: Demenz Stadien
10. Tavalaro, Julia: Bis auf den Grund des Ozeans, Herder Verlag, Freiburg Mai 2000[13].
11. Duden Band 7: Etymologie, Bibliographisches Institut, Mannheim/Wien/ Zürich 1963.
12. ARD: Ratgeber Recht vom 11. März 2001.
13. ARD: Das zweite Leben, Erstausstrahlung 25. April 2007.
14. Vgl.: Spiegel, Yorick: Der Prozess des Trauerns, Christian Kaiser Verlag, München 1988[6].
15. Vgl. Döring, Dorothee: Wodurch wir wurden, was wir sind – Familienprägungen erkennen und verstehen, Kreuz Verlag, Stuttgart 2006
16. Das Alte Testament, Psalm 56,9, vgl. Anm. 2.
17. nach: http://www.praxis-jugendarbeit.de/andachten-themen/
    traenen-weinen.html
    Google: »ich schenke euch Tränen«
18. Evangelisches Gesangbuch Nr. 369.
19. Copyright © des Originaltextes »Footprints« 1964 Margaret Fishback Powers. Übersetzt von Eva-Maria Busch. Copyright © der deutschen Übersetzung »Spuren im Sand« 1996 Brunnen-Verlag Gießen.
20. Mitscherlich, Margarete: Trauer ist der halbe Trost. Im Gespräch mit Meinhard Schmidt-Degenhard, Pendo Verlag, Zürich 1995.

21. Das Neue Testament, Matthäus 5,4, vgl. Anm. 2.
22. Vgl. Döring, Dorothee: Die Brücke zurück ins Leben finden, Gütersloher Verlagshaus, Gütersloh 2007.
23. Bonhoeffer, Dietrich: Widerstand und Ergebung. Briefe und Aufzeichnungen aus der Haft. © by Gütersloher Verlagshaus, Gütersloh, in der Verlagsgruppe Random House GmbH, München, 1998, S. 607 f.
24. A.a.O., S. 255.
25. Didion, Joan: Das Jahr magischen Denkens, List Taschenbuch Verlag (Ullstein), Berlin 2008.
26. Wilber, Ken: Mut und Gnade, Goldmann Verlag, München 1996.
27. Diba-Pahlavi, Farah: Erinnerungen, Verlag Lübbe, Bergisch Gladbach 2004.
28. www.riefert-miethke.de
29. Vgl. Döring, Dorothee: Die Brücke zurück ins Leben finden, a.a.O., S. 15 ff.
30. Holland, Henry Scott: Der Tod bedeutet gar nichts, Knaur Verlag, München 2006.
31. Döring, Dorothee: Leben in Würde bis zuletzt, Bonifatius-Verlag, Paderborn 2002.
32. Quelle unbekannt.
33. Hollstein, Betina: Soziale Netzwerke nach der Verwitwung. Eine Rekonstruktion der Veränderungen informeller Beziehungen, Forschung Soziologie, Band 141, Leske u. Budrich, Opladen 2002.
34. Verbraucher-Zentrale Hamburg: Was tun, wenn jemand stirbt? 14. Auflage 2003.